W.-D. Jägel

# Grundlagen Deutsch

D1858265

Erarbeitet von Johannes Diekhans
Unter Mitarbeit von Othmar Höfling

# Grammatik

Best.-Nr. 25101 5
Verlag Ferdinand Schöningh

Franz-Ulrich
Netuka
Feb. 2001

**Website**
www.schoeningh.de

**E-Mail**
info@schoeningh.de

Gedruckt auf umweltfreundlichem, chlorfrei gebleichtem Papier.

Umschlaggestaltung: Matthias Schwedt

© 1996 Ferdinand Schöningh, Paderborn
(Verlag Ferdinand Schöningh, Jühenplatz 1, D-33098 Paderborn)

Alle Rechte vorbehalten. Dieses Werk sowie einzelne Teile desselben sind urheberrechtlich geschützt. Jede Verwertung in anderen als den gesetzlich zugelassenen Fällen ist ohne vorherige schriftliche Zustimmung des Verlages nicht zulässig.

Printed in Germany. Herstellung Ferdinand Schöningh, Paderborn.

Druck 10 9 8 7 Jahr 03 02 01

ISBN 3-506-25101-5

---

Dieses Werk folgt der reformierten Rechtschreibung und Zeichensetzung. Ausnahmen bilden Texte, bei denen künstlerische, philologische oder lizenzrechtliche Gründe einer Änderung entgegenstehen.

# Inhaltsverzeichnis


| Seite | | |
|---|---|---|
| 5 | **Einführung** | E 01 – E 11 |
| 7 | **Wortlehre** | W 01 – W 80 |
| 7 | Wortarten im Überblick | W 01 – W 02 |
| 8 | Das Verb (Zeitwort) und seine Formen | W 03 – W 31 |
| 20 | Das Nomen/Substantiv (Namenwort, Hauptwort) | W 32 – W 37 |
| 23 | Der Artikel (Geschlechtswort, Begleiter) | W 38 – W 39 |
| 24 | Das Adjektiv (Eigenschaftswort, Wiewort) | W 40 – W 44 |
| 26 | Das Pronomen (Fürwort) | W 45 – W 64 |
| 26 | Das Personalpronomen | W 47 – W 48 |
| 27 | Das Possessivpronomen | W 49 – W 50 |
| 29 | Das Demonstrativpronomen | W 51 – W 53 |
| 30 | Das Relativpronomen | W 54 – W 56 |
| 31 | Das Reflexivpronomen | W 57 – W 58 |
| 32 | Das Interrogativpronomen | W 59 – W 62 |
| 33 | Das Indefinitpronomen | W 63 – W 64 |
| 34 | Das Numerale (Zahlwort) | W 65 – W 67 |
| 35 | Das Adverb (Umstandswort) | W 68 – W 75 |
| 37 | Die Präposition (Verhältniswort) | W 76 – W 77 |
| 38 | Die Konjunktion (Bindewort) | W 78 – W 80 |
| 39 | **Satzlehre** | S 01 – S 33 |
| 39 | Was ist ein Satzglied? | S 01 |
| 39 | Die unterschiedlichen Satzglieder und ihre Aufgaben | S 02 – S 14 |
| 39 | Das Subjekt (Satzgegenstand) | S 02 |
| 40 | Das Prädikat (Satzaussage) | S 03 |
| 40 | Das Prädikativ (Artergänzung, Gleichsetzungsnominativ) | S 04 |
| 41 | Das Objekt (Satzergänzung) | S 05 – S 09 |
| 42 | Das Adverbiale (Umstandsbestimmung) | S 10 – S 11 |
| 44 | Das Attribut (Beifügung) | S 12 – S 13 |
| 45 | Satzglieder und Satzgliedteile im Überblick | S 14 |
| 46 | Die unterschiedlichen Hauptsatzarten | S 15 – S 20 |
| 48 | Die unterschiedlichen Gliedsätze – das Satzgefüge | S 21 – S 32 |
| 52 | **Grammatische Begriffe im Vergleich** | |
| 54 | **Register** | |

# Einführung

## Momo

**Michael Ende**

*In alten, alten Zeiten, als die Menschen noch in ganz anderen Sprachen redeten, gab es in den warmen Ländern schon große und prächtige Städte. Da erhoben sich die Paläste der Könige und Kaiser, da gab es breite Straßen, enge Gassen und winkelige Gässchen, da standen herrliche Tempel mit goldenen und marmornen Götterstatuen, da gab es bunte Märkte, wo die Leute sich versammelten, um Neuigkeiten zu besprechen und Reden zu halten oder anzuhören. Und vor allem gab es dort große Theater.*

(Aus: Michael Ende: Momo. K. Thienemanns Verlag, Stuttgart 1973, Romananfang)

Dieser Text besteht aus Sätzen, Satzgliedern, Wörtern, Sprechsilben, Wortbausteinen, Buchstaben und Lauten.

---

**E 01**

## Satz

Der Satz besteht aus Satzgliedern, die sich zu einem Sinnganzen zusammenfügen.

---

**E 02**

## Satzglied

Die Teile eines Satzes, die sich umstellen lassen, bezeichnet man als Satzglieder. Satzglieder können aus einem oder aus mehreren Wörtern bestehen.

*(Da) (gab) (es) (bunte Märkte).*
*(Bunte Märkte) (gab) (es) (da).*

---

**E 03**

## Wort

Ein gesprochenes Wort besteht aus Silben, die sich aus Lauten zusammensetzen. Gebildet wird ein Wort aus Wortbausteinen (s. E 06), die nicht immer mit den Sprechsilben übereinstimmen.

---

**E 04**

## Silbe

Silben sind Lauteinheiten, die sich aus dem natürlichen Sprechfluss ergeben.

*Zei-ten, präch-tig, be-spre-chen*

---

**E 05**

## Laut

Die kleinsten Bestandteile der gesprochenen Wörter nennt man Laute (s. auch E 09 und E 10). Laute kann man unterscheiden nach ihrer Stellung im Wort.

Anlaut: *Zeiten* (Z unterstrichen)
Inlaut: *dort* (o unterstrichen)
Auslaut: *ganz* (z unterstrichen)

## E 06 Wortbausteine

Gebildet werden Wörter aus Wortbausteinen. Wichtigster Wortbaustein ist der **Wortstamm**. Durch Hinzufügen weiterer Bausteine können Wörter gebildet werden. Häufig werden Bausteine vorangestellt (**Präfixe**) oder an den Wortstamm angehängt (**Suffixe**).

Beispiel für **Präfixe**: *ge-, ver-, be-, ent-, zer-, er-*
Beispiel für **Suffixe**: *-ung, -heit, -keit, -nis, -bar, -ig, -lich, -er, -en, -eln*

Wortbildung durch Wortbausteine: *be-sprech-en, prächt-ig, Neu-ig-keit*

## E 07 Buchstabe

Den kleinsten Bestandteil eines geschriebenen Textes nennt man Buchstabe.

## E 08 Das Alphabet

Das deutsche Alphabet besteht aus **26 Buchstaben**. Es kommen drei Zeichen für die Umlaute hinzu.

| | | | | | | | | | | | |
|---|---|---|---|---|---|---|---|---|---|---|---|
| A | a | (ah) | H | h | (hah) | O | o | (oh) | V | v | (fau) |
| B | b | (beh) | I | i | (ih) | P | p | (peh) | W | w | (weh) |
| C | c | (zeh) | J | j | (jott) | Q | q | (kuh) | X | x | (icks) |
| D | d | (deh) | K | k | (kah) | R | r | (err) | Y | y | (üppsilon) |
| E | e | (eh) | L | l | (ell) | S | s ß | (es, eszett) | Z | z | (zett) |
| F | f | (eff) | M | m | (emm) | T | t | (teh) | | | |
| G | g | (geh) | N | n | (enn) | U | u | (uh) | | | |

Umlaute: Ä ä (äh) – Ö ö (öh) – Ü ü (üh)

## E 09 Vokale und Konsonanten (Selbstlaute und Mitlaute)

Einige dieser Buchstaben stehen für **Vokale**. Sie können im Gegensatz zu den **Konsonanten** ohne Zuhilfenahme eines anderen Lautes gesprochen werden:

*a, e, i, o, u.*

Zu den Vokalzeichen gehören auch die Umlaute *ä, ö* und *ü*.

## E 10 Diphthonge (Doppel- oder Zwielaute)

Hierzu zählen die Vokalverbindungen:

*au, äu, eu, ei, ai.*

## E 11 Betonung

In einfachen oder abgeleiteten Wörtern der deutschen Sprache wird meistens die erste Silbe betont. Wörter, die mit den unter E 06 genannten Präfixen gebildet werden, besitzen die Betonung auf der zweiten Silbe.

Beispiel: *Mắrk-te, Kố-ni-ge, gól-de-nen*
Beispiel: *be-spré-chen*

# Wortlehre

## Wortarten im Überblick

Man unterscheidet Wortarten, die im Satzzusammenhang ihre Form **verändern**, und solche, die sich **nicht verändern**. Man spricht auch von **flektierbaren** und **nicht flektierbaren** Wortarten.

### W 01 Wortarten, die flektierbar sind

| Wortart | Beispiel |
|---|---|
| Verb (Zeitwort, Tätigkeitswort) | *gehen, ich gehe* |
| Nomen/Substantiv (Namenwort, Hauptwort) | *Kind, Kinder* |
| Artikel (Geschlechtswort, Begleiter) | |
| bestimmter Artikel | *der, die, das* |
| unbestimmter Artikel | *ein, eine, ein* |
| Adjektiv (Eigenschaftswort) | *klein, (ein) kleines (Kind)* |
| Pronomen (Fürwort) | |
| Personalpronomen (persönliches Fürwort) | *ich, mir, du* |
| Possessivpronomen (besitzanzeigendes Fürwort) | *mein, dein* |
| Demonstrativpronomen (hinweisendes Fürwort) | *dieser, jener* |
| Relativpronomen (bezügliches Fürwort) | *der, welcher* |
| Reflexivpronomen (rückbezügliches Fürwort) | *sich, mich* |
| Interrogativpronomen (fragendes Fürwort) | *wer? wessen?* |
| Indefinitpronomen (unbestimmtes Fürwort)[1] | *jemand, niemand* |
| Numerale (Zahlwort) | *zwei, hundert, der dritte* |

Verb, Nomen/Substantiv und Adjektiv werden auch **Hauptwortarten** genannt, weil sie im Satzzusammenhang die Hauptinformationen geben.

### W 02 Wortarten, die nicht flektierbar sind

| Wortart | Beispiel |
|---|---|
| Adverb (Umstandswort) | *heute, oben* |
| Präposition (Verhältniswort) | *vor, an, in* |
| Konjunktion (Bindewort) | |
| nebenordnende Konjunktion | *und, oder* |
| unterordnende Konjunktion | *weil, als, dass* |
| Interjektion (Ausrufewort) | *oh! au!* |

Alle nicht flektierbaren Wortarten mit Ausnahme der Interjektion werden auch unter dem Begriff **Partikeln** zusammengefaßt.

[1] Die Indefinitpronomen „man“ und „etwas“ sind nicht flektierbar, ebenso einige Zahlwörter.

# Das Verb (Zeitwort) und seine Formen

**W 03**

| | | |
|---|---|---|
| **Verben bezeichnen:** | **Tätigkeiten:** | *Die Menschen **versammelten** sich auf den Märkten.* |
| | **Vorgänge:** | *Die antike Vase **zerbrach**.* |
| | **Zustände:** | *Dort **standen** herrliche Tempel mit marmornen Statuen.* |
| **Man unterscheidet:** | **Vollverben:** | Sie können allein das Satzglied Prädikat bilden.<br>Beispiel: *Peter **besichtigt** den antiken Marktplatz.* |
| | **Hilfsverben:** | **sein, haben, werden**<br>Sie erscheinen im Satzzusammenhang in der Regel mit einem Vollverb und werden für die Bildung unterschiedlicher Verbformen verwendet.<br>Beispiel: *Wir **werden** den antiken Marktplatz besichtigen.* |
| | **Modalverben:** | **können, dürfen, mögen, sollen, müssen, wollen**<br>Mit Modalverben kann ein Sprecher seine Aussage verstärken oder abschwächen. Er kann ausdrücken, ob er etwas tun kann, darf, möchte, soll, muss oder will. |

**W 04**

## Infinite Verbformen

**Infinit** bedeutet wörtlich „unbestimmt" oder „nicht eingegrenzt". **Finit** besitzt somit die Bedeutung „näher bestimmt" oder „eingegrenzt".

| | |
|---|---|
| Zu den **infiniten Verbformen** gehören: | Der **Infinitiv** (Grundform)<br>Beispiel: *sehen, schwimmen* |
| | Das **Partizip I** (Mittelwort der Gegenwart)<br>Beispiel: *sehend, schwimmend* |
| | Das **Partizip II** (Mittelwort der vollendeten Gegenwart)<br>Beispiel: *gesehen, geschwommen* |

Die Partizipien I und II können auch als Adjektive gebraucht werden (Beispiel: *Das schwimmende Boot*). Die Infinitivform und das Partizip II werden für die Bildung verschiedener Zeitformen (Tempusformen) benötigt.

## W 05 Finite Verbformen

Eine **finite Verbform** gibt Auskunft auf folgende Fragen:

**Wer macht etwas?**
*Ich rufe. Sie rufen.*

**Person und Numerus**

**Geschieht es in der Vergangenheit, Gegenwart oder Zukunft?**
*Ich rufe. Sie rief. Er wird rufen.*

**Tempus**

**Wird das Geschehen aus der Sicht des Täters oder aus der Sicht des Betroffenen gesehen?**
*Ich rufe. Ich werde gerufen.*

**Handlungsart (Genus Verbi)**

**Ist das Geschehen wirklich, möglich oder nicht wirklich?**
*Er ruft. Er rufe. Er riefe. Er würde rufen. Rufe!*

**Modus**

**Infinitiv:**
*rufen*

## W 06 Person und Numerus oder die Personalform des Verbs

Diese Form des Verbs drückt aus, ob der Sprechende (**ich, wir**), der Angesprochene (**du, ihr**) oder die Person bzw. Sache, über die gesprochen wird (**er, sie, es; sie**), in den Mittelpunkt rückt. Außerdem wird deutlich, ob es um eine Person (**Einzahl = Singular**) oder mehrere Personen (**Mehrzahl = Plural**) geht.

| | |
|---|---|
| 1. Person Singular: | ***ich*** *rufe* |
| 2. Person Singular: | ***du*** *rufst* |
| 3. Person Singular: | ***er/sie/es*** *ruft* |
| 1. Person Plural: | ***wir*** *rufen* |
| 2. Person Plural: | ***ihr*** ruft |
| 3. Person Plural: | ***sie*** rufen |

W 07

## Das Tempus (Zeitform)

Die finite Verbform zeigt an, ob das Geschehen für den Sprecher in der **Gegenwart**, **Vergangenheit** oder **Zukunft** abläuft.

W 08

## Die unterschiedlichen Tempora im Überblick

| | | |
|---|---|---|
| Präsens | ich rufe | Gegenwart |
| Präteritum | ich rief | Vergangenheit |
| Perfekt | ich habe gerufen | |
| Plusquamperfekt | ich hatte gerufen | |
| Futur I | ich werde rufen | Zukunft |
| Futur II | ich werde gerufen haben | |

W 09

## Das Präsens (Gegenwart)

Das Präsens bezeichnet häufig etwas, was in der Gegenwart, in diesem Augenblick geschieht.
Beispiel: *Ich* ***springe*** *über den Fluss.*

Es bezeichnet auch etwas, was zu jeder Zeit gilt.
Beispiel: *Wasser* ***gefriert*** *bei 0° C.*

Es kann zusammen mit anderen Satzgliedern etwas bezeichnen, was in der Zukunft liegt.
Beispiel: *In der nächsten Woche* ***besuche*** *ich meine Freundin.*

Es kann zusammen mit anderen Satzgliedern auch etwas bezeichnen, was in der Vergangenheit liegt.
Beispiel: *Gestern* ***gehe*** *ich ahnungslos über die Straße, da…*

W 10

## Das Präteritum (Vergangenheit)

Das **Präteritum** drückt aus, dass etwas vergangen ist. Es ist die übliche Tempusform für Erzählungen.

Beispiel: *In der letzten Minute* ***verschoss*** *Paul den Elfmeter.*
*Momo* ***wohnte*** *in einem Amphitheater.*

Verben, die bei der Bildung des Präteritums ihren Wortstamm stark verändern (*verschießen–verschoss*), nennt man **starke Verben**. Verben, die ihren Wortstamm nicht verändern (*wohnen-wohnte*), nennt man **schwache Verben**.

## W 11 Das Perfekt (Vollendete Gegenwart)

Das **Perfekt** drückt aus, dass etwas vergangen ist, jedoch noch in die Gegenwart hineinreicht und auf den Sprecher oder Schreiber wirkt.

Beispiel: *Ich **habe** mir den Arm **gebrochen**.*
*Ich **bin** gestern eine Stunde durch den Wald **gelaufen**.*

Das **Perfekt** wird gebildet aus:

| Personalform von haben oder sein im Präsens | + | Partizip II |
| --- | --- | --- |
| *ich habe*<br>*ich bin* | | *gerufen*<br>*gelaufen* |

In der gesprochenen Sprache ersetzt das Perfekt häufig die Präteritumform.

Beispiel: *Im letzten Jahr **fuhren** wir nach Griechenland.*
(Präteritum in der geschriebenen Sprache)
Beispiel: *Im letzten Jahr **sind** wir nach Griechenland **gefahren**.*
(Perfekt in der gesprochenen Sprache)

## W 12 Das Plusquamperfekt (Vollendete Vergangenheit)

Das **Plusquamperfekt** drückt aus, dass ein vergangenes Geschehen vor einem ebenfalls vergangenen Geschehen liegt. Daher erscheint es häufig im Zusammenhang mit dem Perfekt oder Präteritum.

Beispiel: *Andrea ging am Nachmittag ins Freibad. Vorher **hatte** sie noch den Rasen **gemäht**.*

Das **Plusquamperfekt** wird gebildet aus:

| Personalform von haben oder sein im Präteritum | + | Partizip II |
| --- | --- | --- |
| *ich hatte*<br>*ich war* | | *gerufen*<br>*gelaufen* |

## W 13 Das Futur I (Zukunft)

Das **Futur I** drückt aus, dass ein Geschehen in der Zukunft abläuft.

Beispiel: *Klaus **wird** mich morgen **besuchen**.*

Das **Futur I** wird gebildet aus:

| Personalform von werden im Präsens | + | Infinitiv |
|---|---|---|
| *ich werde* | | *rufen* |

Mit dem Futur I kann ein Sprecher auch eine Vermutung ausdrücken.

Beispiel: *Meine Schwester **wird** wohl gerade ihre Freundin **besuchen**.*

## W 14 Das Futur II (Vollendete Zukunft)

Das **Futur II** drückt aus, dass ein Geschehen in der Zukunft abläuft und dort als abgeschlossen angesehen wird.

Beispiel: *Morgen um diese Zeit **werde** ich den Wettkampf bereits **beendet haben**.*

Das **Futur II** wird gebildet aus:

| Personalform von haben oder sein im Futur I | + | Partizip II |
|---|---|---|
| *(ich werde haben)* | | *(gerufen)* |
| *(ich werde sein)* | | *(gelaufen)* |
| *ich werde gerufen haben* | | |
| *ich werde gelaufen sein* | | |

Auch mit dem **Futur II** kann ein Sprecher eine Vermutung ausdrücken.

Beispiel: *Er **wird** seine Hausaufgaben wohl schon **gemacht haben**.*

## W 15

Bildet man zu einem Verb die unterschiedlichen Personalformen in einem bestimmten Tempus, so nennt man diesen Vorgang **konjugieren** (Nomen/Substantiv: **Konjugation**). Die Begriffe **konjugierte Verbform, Personalform** und **finite Verbform** werden in vielen Grammatiken gleichgesetzt.

## W 16 Die Konjugation des Verbs „fragen“ im Aktiv

| Präsens (Gegenwart) | Perfekt (Vollendete Gegenwart) |
|---|---|
| ich frage | ich habe gefragt |
| du fragst | du hast gefragt |
| er, sie, es fragt | er, sie, es hat gefragt |
| wir fragen | wir haben gefragt |
| ihr fragt | ihr habt gefragt |
| sie fragen | sie haben gefragt |
| **Präteritum (Vergangenheit)** | **Plusquamperfekt (Vollendete Vergangenheit)** |
| ich fragte | ich hatte gefragt |
| du fragtest | du hattest gefragt |
| er, sie, es fragte | er, sie, es hatte gefragt |
| wir fragten | wir hatten gefragt |
| ihr fragtet | ihr hattet gefragt |
| sie fragten | sie hatten gefragt |
| **Futur I (Zukunft)** | **Futur II (Vollendete Zukunft)** |
| ich werde fragen | ich werde gefragt haben |
| du wirst fragen | du wirst gefragt haben |
| er, sie, es wird fragen | er, sie, es wird gefragt haben |
| wir werden fragen | wir werden gefragt haben |
| ihr werdet fragen | ihr werdet gefragt haben |
| sie werden fragen | sie werden gefragt haben |

## W 17 Die Konjugation des Hilfsverbs „sein“

| Präsens (Gegenwart) | Perfekt (Vollendete Gegenwart) |
|---|---|
| ich bin | ich bin gewesen |
| du bist | du bist gewesen |
| er, sie, es ist | er, sie, es ist gewesen |
| wir sind | wir sind gewesen |
| ihr seid | ihr seid gewesen |
| sie sind | sie sind gewesen |
| **Präteritum (Vergangenheit)** | **Plusquamperfekt (Vollendete Vergangenheit)** |
| ich war | ich war gewesen |
| du warst | du warst gewesen |
| er, sie, es war | er, sie, es war gewesen |
| wir waren | wir waren gewesen |
| ihr wart | ihr wart gewesen |
| sie waren | sie waren gewesen |
| **Futur I (Zukunft)** | **Futur II (Vollendete Zukunft)** |
| ich werde sein | ich werde gewesen sein |
| du wirst sein | du wirst gewesen sein |
| er, sie, es wird sein | er, sie, es wird gewesen sein |
| wir werden sein | wir werden gewesen sein |
| ihr werdet sein | ihr werdet gewesen sein |
| sie werden sein | sie werden gewesen sein |

## W 18 Die Konjugation des Hilfsverbs „haben“

| Präsens (Gegenwart) | Perfekt (Vollendete Gegenwart) |
|---|---|
| ich habe | ich habe gehabt |
| du hast | du hast gehabt |
| er, sie, es hat | er, sie, es hat gehabt |
| wir haben | wir haben gehabt |
| ihr habt | ihr habt gehabt |
| sie haben | sie haben gehabt |
| **Präteritum (Vergangenheit)** | **Plusquamperfekt (Vollendete Vergangenheit)** |
| ich hatte | ich hatte gehabt |
| du hattest | du hattest gehabt |
| er, sie, es hatte | er, sie, es hatte gehabt |
| wir hatten | wir hatten gehabt |
| ihr hattet | ihr hattet gehabt |
| sie hatten | sie hatten gehabt |
| **Futur I (Zukunft)** | **Futur II (Vollendete Zukunft)** |
| ich werde haben | ich werde gehabt haben |
| du wirst haben | du wirst gehabt haben |
| er, sie, es wird haben | er, sie, es wird gehabt haben |
| wir werden haben | wir werden gehabt haben |
| ihr werdet haben | ihr werdet gehabt haben |
| sie werden haben | sie werden gehabt haben |

## W 19 Die Konjugation des Hilfsverbs „werden“

| Präsens (Gegenwart) | Perfekt (Vollendete Gegenwart) |
|---|---|
| ich werde | ich bin geworden |
| du wirst | du bist geworden |
| er, sie, es wird | er, sie, es ist geworden |
| wir werden | wir sind geworden |
| ihr werdet | ihr seid geworden |
| sie werden | sie sind geworden |
| **Präteritum (Vergangenheit)** | **Plusquamperfekt (Vollendete Vergangenheit)** |
| ich wurde | ich war geworden |
| du wurdest | du warst geworden |
| er, sie, es wurde | er, sie, es war geworden |
| wir wurden | wir waren geworden |
| ihr wurdet | ihr wart geworden |
| sie wurden | sie waren geworden |
| **Futur I (Zukunft)** | **Futur II (Vollendete Zukunft)** |
| Ich werde werden | ich werde geworden sein |
| du wirst werden | du wirst geworden sein |
| er, sie, es wird werden | er, sie, es wird geworden sein |
| wir werden werden | wir werden geworden sein |
| ihr werdet werden | ihr werdet geworden sein |
| sie werden werden | sie werden geworden sein |

## W 20 Die Handlungsart (Genus verbi)

Die finite Verbform drückt auch aus, ob das Geschehen **aus der Sicht des Täters/des Handelnden** oder **aus der Sicht des Betroffenen** gesehen wird. Daher unterscheidet man zwei Handlungsarten (Genera verbi): das **Aktiv** und das **Passiv**.

## W 21 Das Aktiv (Tätigkeitsform)

Das Aktiv ist die am häufigsten verwendete Handlungsart. Die Handlung wird dabei vom Täter aus gesehen.

Beispiel: ***Ein Mädchen rettet*** *den Jungen.*
***Ich schreibe*** *einen Brief.*

## W 22 Das Passiv (Leideform)

Die Handlung wird vom Betroffenen aus gesehen. Dabei gibt es zwei Möglichkeiten:

1. **Das Vorgangspassiv**
   Beim Vorgangspassiv steht das Geschehen im Vordergrund. Der Täter kann, muss aber nicht genannt werden. Wird er nicht genannt, spricht man auch vom **täterlosen Passiv**.
   Das Vorgangspassiv wird gebildet aus einer **Personalform von „werden“** (s. W 19) und dem **Partizip II** des Verbs.

Beispiel: *Der Junge* ***wird (von einem Mädchen) gerettet****.*
*Der Brief* ***wird (von mir) geschrieben****.*

2. **Das Zustandspassiv**
   Das Zustandspassiv bezeichnet den erreichten Zustand oder das Ergebnis einer Handlung. Es wird gebildet aus einer **Personalform von „sein“** (s. W 17) und dem **Partizip II** des Verbs.

Beispiel: *Der Junge* ***ist gerettet****.*
*Der Brief* ***ist geschrieben****.*

Die Bezeichnungen **„Tätigkeitsform“** und **„Leideform“** für **Aktiv** und **Passiv** sind gebräuchlich, aber nicht immer zutreffend.

Beispiel: *Er wohnt in Köln.* (Keine Tätigkeit)
*Die Schülerin wird gelobt.* (Kein Leiden)

## W 23 Die Konjugation des Verbs „fragen" im Passiv

**Präsens (Gegenwart)**
ich werde gefragt
du wirst gefragt
er, sie, es wird gefragt
wir werden gefragt
ihr werdet gefragt
sie werden gefragt

**Präteritum (Vergangenheit)**
ich wurde gefragt
du wurdest gefragt
er, sie, es wurde gefragt
wir wurden gefragt
ihr wurdet gefragt
sie wurden gefragt

**Futur I (Zukunft)**
ich werde gefragt werden
du wirst gefragt werden
er, sie, es wird gefragt werden
wir werden gefragt werden
ihr werdet gefragt werden
sie werden gefragt werden

**Perfekt (Vollendete Gegenwart)**
ich bin gefragt worden
du bist gefragt worden
er, sie, es ist gefragt worden
wir sind gefragt worden
ihr seid gefragt worden
sie sind gefragt worden

**Plusquamperfekt (Vollendete Vergangenheit)**
ich war gefragt worden
du warst gefragt worden
er, sie, es war gefragt worden
wir waren gefragt worden
ihr wart gefragt worden
sie waren gefragt worden

**Futur II (Vollendete Zukunft)**
ich werde gefragt worden sein
du wirst gefragt worden sein
er, sie, es wird gefragt worden sein
wir werden gefragt worden sein
ihr werdet gefragt worden sein
sie werden gefragt worden sein

## W 24 Aktiv und Passiv im Vergleich

| **Tempus** | **Aktiv**<br>**1. Pers. Sing. u. Plural** | **Passiv (Vorgangspassiv)**<br>**1. Pers. Sing. u. Plural** |
|---|---|---|
| Präsens | ich trage<br>wir tragen | ich werde getragen<br>wir werden getragen |
| Präteritum | ich trug<br>wir trugen | ich wurde getragen<br>wir wurden getragen |
| Perfekt | ich habe getragen<br>wir haben getragen | ich bin getragen worden<br>wir sind getragen worden |
| Plusquamperfekt | ich hatte getragen<br>wir hatten getragen | ich war getragen worden<br>wir waren getragen worden |
| Futur I | ich werde tragen<br>wir werden tragen | ich werde getragen werden<br>wir werden getragen werden |
| Futur II | ich werde getragen haben<br>wir werden getragen haben | ich werde getragen worden sein<br>wir werden getragen worden sein |

## W 25 Der Modus (Aussageweise)

Die Verbform drückt auch aus, wie das Geschehen vom Sprecher eingeschätzt wird. Wird es als **wirklich, möglich, erwünscht, nur erdacht oder nicht wirklich** angesehen?
Man unterscheidet folgende Aussageweisen (Modi):

| | | |
|---|---|---|
| **Indikativ** | – | **Wirklichkeitsform** |
| **Konjunktiv I** | – | **Möglichkeitsform** |
| **Konjunktiv II** | – | **Nicht-Wirklichkeit** |
| **Imperativ** | – | **Befehlsform** |

## W 26 Der Indikativ (Wirklichkeitsform)

Diese Form drückt aus, dass das Gesagte oder Geschriebene als **tatsächlich/ wirklich** angesehen wird. Der Indikativ ist der am häufigsten gebrauchte Modus (im Hauptsatz und im Gliedsatz).

Beispiel: *Dieses Bild* ***hat*** *ein holländischer Künstler* ***gemalt****.*
*Wenn du* ***kommst, gehen*** *wir* ***spazieren****.*

## W 27 Der Konjunktiv I (Möglichkeitsform)

Der Konjunktiv I stellt ein Geschehen als **möglich** dar. Der Sprecher oder Schreiber verbürgt sich jedoch nicht dafür. Er geht etwas auf Distanz.
Der **Konjunktiv I** wird zumeist in der **indirekten Rede** verwendet. Dabei gibt ein Sprecher oder Schreiber das wieder, was er von einem anderen erfahren hat.
Der Konjunktiv I wird aus den Indikativformen des Präsens, Perfekts und Futurs gebildet.

| | | |
|---|---|---|
| Beispiel: | *Er sagte mir, dass er bald* ***komme****.* | (Indikativ Präsens: *er kommt*) |
| | *Er sagte mir, er* ***sei angekommen****.* | (Indikativ Perfekt: *er ist angekommen*) |
| | *Er sagte mir, er* ***habe*** *schon* ***gegessen****.* | (Indikativ Perfekt: *er hat gegessen*) |
| | *Er sagte mir, er* ***werde*** *bald* ***zurückkommen****.* | (Indikativ Futur: *er wird zurückkommen*) |

Auch im **indirekten Fragesatz** (s. S 26) steht der Konjunktiv I.

Beispiel: *Andrea fragte, ob sie mitkommen* ***könne****.*

## W 28 Das Zeitgefüge in der indirekten Rede

Welche Form des Konjunktivs I (Präsens, Perfekt, Futur I) in der indirekten Rede verwendet wird, hängt davon ab, **in welchem zeitlichen Verhältnis indirekte Rede und Hauptsatz** stehen. Liegt das in der indirekten Rede wiedergegebene Geschehen zeitlich vor dem, was im Hauptsatz ausgedrückt wird, geschieht es gleichzeitig oder ist es noch gar nicht geschehen? Man spricht dabei auch von **Vorzeitigkeit, Gleichzeitigkeit oder Nachzeitigkeit**.

1. **Vorzeitigkeit**
   Beispiel: *Paul sagte mir, er **habe** ein Buch **gelesen**.*
2. **Gleichzeitigkeit**
   Beispiel: *Paul sagte mir, er **lese** gerade ein Buch.*
3. **Nachzeitigkeit**
   Beispiel: *Paul sagte mir, er **werde** in den Ferien ein Buch **lesen**.*

## W 29 Der Konjunktiv II (Irrealis, Nicht-Wirklichkeit)

Der Konjunktiv II wird verwendet, wenn ein Sprecher oder Schreiber ausdrücken möchte, dass ein Geschehen **nicht wirklich (irreal)**, sondern nur **gewünscht, vorgestellt oder gedacht** ist.
Der Konjunktiv II wird aus den Indikativformen des Präteritums und des Plusquamperfekts gebildet.

Beispiel: *Wenn sie Zeit **hätten, kämen** sie zu Besuch.*
*__Wäre__ er über das Eis **gelaufen, hätte** er sich in Gefahr **begeben**.*

Der Konjunktiv II wird heute immer öfter mit „würde" umschrieben.

Beispiel: *Wenn sie Zeit hätten, **würden** sie zu Besuch **kommen**.*

Den Konjunktiv II verwendet man außerdem **in höflichen Frage- und Aussagesätzen**.

Beispiel: *Ich **hätte** gern diesen Ring aus dem Schaufenster.*
*__Würden__ Sie ihn mir bitte **holen**?*

Weiter verwendet man den Konjunktiv II in der **indirekten Rede**, wenn die Form des Konjunktivs I genauso lautet wie der Indikativ. Die Formen des Konjunktivs II bilden dann **Ersatzformen** für den Konjunktiv I.

Beispiel: *Der Trainer meint, ich **liefe** die erste Runde zu schnell.*
*(statt: ich laufe zu schnell)*
*Die Zeitung berichtet, in Wohngebieten **führen** viele Autos zu schnell.*
*(statt: fahren viele Autos zu schnell)*

## W 30 Indikativ und Konjunktiv im Überblick

Bei der folgenden Übersicht sind die Formen des Konjunktivs I, die in der indirekten Rede durch die entsprechenden Formen des Konjunktivs II ersetzt werden, eingeklammert.

| | Indikativ | Konjunktiv | |
|---|---|---|---|
| Präsens | ich komme<br>du kommst<br>er, sie, es kommt<br>wir kommen<br>ihr kommt<br>sie kommen | (ich komme)<br>du kommest<br>er, sie es komme<br>(wir kommen)<br>ihr kommet<br>(sie kommen) | KONJUNKTIV I |
| Perfekt | ich bin gekommen<br>du bist gekommen<br>er, sie, es ist gekommen<br>wir sind gekommen<br>ihr seid gekommen<br>sie sind gekommen | ich sei gekommen<br>du seiest gekommen<br>er, sie, es sei gekommen<br>wir seien gekommen<br>ihr seiet gekommen<br>sie seien gekommen | |
| Futur I | ich werde kommen<br>du wirst kommen<br>er, sie, es wird kommen<br>wir werden kommen<br>ihr werdet kommen<br>sie werden kommen | (ich werde kommen)<br>du werdest kommen<br>er, sie, es werde kommen<br>(wir werden kommen)<br>(ihr werdet kommen)<br>(sie werden kommen) | |
| Präteritum | ich kam<br>du kamst<br>er, sie, es kam<br>wir kamen<br>ihr kamt<br>sie kamen | ich käme<br>du kämst<br>er, sie, es käme<br>wir kämen<br>ihr kämt<br>sie kämen<br>oder<br>ich würde kommen<br>du würdest kommen<br>... | KONJUNKTIV II |
| Plusquamperfekt | ich war gekommen<br>du warst gekommen<br>er, sie, es war gekommen<br>wir waren gekommen<br>ihr wart gekommen<br>sie waren gekommen | ich wäre gekommen<br>du wärest gekommen<br>er, sie, es wäre gekommen<br>wir wären gekommen<br>ihr wäret gekommen<br>sie wären gekommen | |

## W 31 Der Imperativ (Befehlsform)

Der **Imperativ** ist die Verbform, die eine **Aufforderung** ausdrückt. Es gibt ihn nur für die 2. Person Singular und Plural.

Beispiel: *Komm! Lauf! Gib! Sprich!*
*Kommt! Lauft! Gebt! Sprecht!*

## W 32 Das Nomen/Substantiv (Namenwort, Hauptwort)

**Nomen** oder **Substantive** bezeichnen vor allem:

| | |
|---|---|
| **Gegenstände:** | *Fußball, Haus, Zange* |
| **Lebewesen:** | *Esel, Kind, Frau* |
| **Pflanzen:** | *Blume, Gras, Blatt* |
| **Vorgänge:** | *Lauf, Bewegung, Untersuchung* |
| **Eigenschaften:** | *Klugheit, Fleiß* |
| **Gefühle:** | *Liebe, Trauer, Zuversicht* |

Bei den Nomen/Substantiven unterscheidet man **Konkreta** und **Abstrakta**.

**Konkreta** nennt man die Nomen/Substantive, mit denen Gegenstände, Lebewesen oder Pflanzen bezeichnet werden. Man kann sie konkret sehen oder anfassen.
**Abstrakta** bezeichnen Sachverhalte, die nicht konkret sichtbar sind. Dazu gehören vor allem allgemeine Vorgänge, Eigenschaften, Gefühle und Vorstellungen.

## W 33 Genus (grammatisches Geschlecht) des Nomens/Substantivs

Jedes **Nomen/Substantiv** hat ein **grammatisches Geschlecht (Genus)**. Das grammatische Geschlecht erkennt man am bestimmten Artikel (s. W 38), der vor dem Nomen/Substantiv stehen kann. Man unterscheidet **drei Formen des Genus**:

| | | |
|---|---|---|
| **Maskulinum** | (männlich): | ***der*** *Wald,* ***der*** *Sturm,* ***der*** *Mann* |
| **Femininum** | (weiblich): | ***die*** *Hütte,* ***die*** *Glocke,* ***die*** *Frau* |
| **Neutrum** | (sächlich): | ***das*** *Ereignis,* ***das*** *Ziel,* ***das*** *Kind* |

Grammatisches und natürliches Geschlecht stimmen oft nicht überein (z.B.: ***das*** *Mädchen*).

Das grammatische Geschlecht kann man auch herausfinden, indem man das Nomen/Substantiv durch ein Personalpronomen (s. W 47) ersetzt, z.B.:

*der Fuchs* – ***er*** = Maskulinum
*die Rose* – ***sie*** = Femininum
*das Haus* – ***es*** = Neutrum

## W 34 Numerus (Zahl) des Nomens/Substantivs

Der **Numerus** eines Nomens/Substantivs verdeutlicht, ob es den bezeichneten Gegenstand, das Lebewesen... einmal oder mehrmals gibt. Man unterscheidet demnach:

**Singular** (Einzahl): *der Arzt, die Blume, das Kind*
**Plural** (Mehrzahl): *die Ärzte, die Blumen, die Kinder*

Zu einigen Nomen/Substantiven gibt es nur den Singular oder nur den Plural. Beispiele für Nomen, die nur im Singular erscheinen:
*die Jugend, das Laub, der Regen, das Vieh, die Milch*

Beispiele für Nomen/Substantive, die nur im Plural erscheinen:
*die Ferien, die Kosten, die Masern, die Tropen, die Alpen*

## W 35 Kasus (grammatischer Fall) des Nomens/Substantivs

Im Satzzusammenhang kann ein Nomen/Substantiv in vier verschiedenen **Kasus** (Fällen) erscheinen, die man erfragen kann.

| Kasus (Fall) | Kasusfrage | Beispiel |
|---|---|---|
| 1. Fall: Nominativ | wer oder was? | der Hund |
| 2. Fall: Genitiv | wessen? | des Hundes |
| 3. Fall: Dativ | wem? | dem Hund |
| 4. Fall: Akkusativ | wen oder was? | den Hund |

Den **Kasus** bestimmt man am einfachsten, indem man mit dem ganzen Satz nach dem Nomen/Substantiv fragt.

Beispiel: *Sie besuchten* ***die Ausstellung****.*
***(Wen oder) was*** *besuchten sie?*
***die Ausstellung*** = **Akkusativ**

Bildet man zu einem Nomen/Substantiv die vier Kasus, so nennt man diesen Vorgang **Deklination** (Verb: **deklinieren**).

## W 36 Die Deklination der Nomen/Substantive im Überblick

**Maskulinum**

| Kasus | | Numerus | |
|---|---|---|---|
| | | Singular | Plural |
| Nominativ | (wer oder was?) | der Mann | die Männer |
| Genitiv | (wessen?) | des Mannes | der Männer |
| Dativ | (wem?) | dem Mann | den Männern |
| Akkusativ | (wen oder was?) | den Mann | die Männer |

**Femininum**

| Kasus | | Numerus | |
|---|---|---|---|
| | | Singular | Plural |
| Nominativ | (wer oder was?) | die Frau | die Frauen |
| Genitiv | (wessen?) | der Frau | der Frauen |
| Dativ | (wem?) | der Frau | den Frauen |
| Akkusativ | (wen oder was?) | die Frau | die Frauen |

**Neutrum**

| Kasus | | Numerus | |
|---|---|---|---|
| | | Singular | Plural |
| Nominativ | (wer oder was?) | das Kind | die Kinder |
| Genitiv | (wessen?) | des Kindes | der Kinder |
| Dativ | (wem?) | dem Kind | den Kindern |
| Akkusativ | (wen oder was?) | das Kind | die Kinder |

## W 37 Wie können Nomen gebildet werden?

**1.** Durch **Zusammensetzungen**

Von den beiden Gliedern der Zusammensetzung ist das zweite Glied der Grundbegriff, der durch das erste Glied näher bestimmt wird. Man spricht auch von **Grundwort und Bestimmungswort**. Als Bestimmungswort können unterschiedliche Wortarten (Nomen/Substantiv, Adjektiv, Verb ...) dienen.

| | | | |
|---|---|---|---|
| *Ofentür* | *Fahrlehrer* | *Heißhunger* | *Ansicht* |
| *Zimmertür* | *Lesebuch* | *Weißdorn* | *Vorlauf* |
| *Stalltür* | *Turnverein* | *Schwarzlicht* | *Mitleid* |

**2.** Durch **Nominalisierung/Substantivierung** von Verben und Adjektiven

| | |
|---|---|
| *das Laufen* | *das Grün* |
| *das Einatmen* | *das Hoch* |
| *das Rufen* | *das Tief* |

**3.** Durch **vorangestellte Wortbausteine (Präfixe)** wie

| | |
|---|---|
| ge-: | *Gebrüder, Geschwister, Gemeinde usw.* |
| un-: | *Unglück, Unruhe, Unmut usw.* |
| miss-: | *Misserfolg, Missernte, Missgunst usw.* |

**4.** Durch **angehängte Wortbausteine (Suffixe)** wie

| | |
|---|---|
| -heit: | *Gesundheit, Faulheit, Trägheit usw.* |
| -keit: | *Einsamkeit, Tapferkeit, Müdigkeit usw.* |
| -tum: | *Reichtum, Eigentum, Irrtum usw.* |
| -schaft: | *Mannschaft, Erbschaft, Landschaft usw.* |
| -ung: | *Versicherung, Erziehung, Genugtuung usw.* |
| -nis: | *Erzeugnis, Wagnis, Bekenntnis usw.* |
| -sal: | *Schicksal, Rinnsal, Labsal usw.* |
| -chen: | *Stühlchen, Häuschen, Bäumchen usw.* |
| -el: | *Schaufel, Wiesel, Würfel usw.* |

## W 38 Der Artikel (Geschlechtswort, Begleiter)

Der **Artikel** steht vor dem Nomen/Substantiv und gibt das **grammatische Geschlecht** an (s. W 33). Man unterscheidet:

**bestimmter Artikel:** *der, die, das* – *der Mann, die Frau, das Kind*

**unbestimmter Artikel:** *ein, eine, ein* – *ein Mann, eine Frau, ein Kind*

Der **bestimmte Artikel** wird verwendet, wenn das Nomen/Substantiv etwas eindeutig Gemeintes bezeichnet.
Der **unbestimmte Artikel** bezeichnet irgendeinen Gegenstand, irgendein Lebewesen ... (s. W 32).

Die Deklination des bestimmten Artikels wird in der Übersicht zur Deklination der Nomen/Substantive (s. W 36) deutlich. Auch der unbestimmte Artikel kann zusammen mit seinem Nomen/Substantiv dekliniert werden. Es gibt allerdings keine Pluralformen.

## W 39 Die Deklination eines Nomens/Substantivs mit einem unbestimmten Artikel

| Kasus | | Genus | | |
|---|---|---|---|---|
| | | **Maskulinum** | **Femininum** | **Neutrum** |
| Nominativ | (wer oder was?) | ein Mann | eine Frau | ein Kind |
| Genitiv | (wessen?) | eines Mannes | einer Frau | eines Kindes |
| Dativ | (wem?) | einem Mann | einer Frau | einem Kind |
| Akkusativ | (wen oder was?) | einen Mann | eine Frau | ein Kind |

## W 40 Das Adjektiv (Eigenschaftswort, Wiewort)

**Adjektive** geben die Eigenschaften von Gegenständen, Lebewesen, Pflanzen usw. an. Mit ihnen kann man auch Tätigkeiten, Vorgänge und Zustände näher kennzeichnen und bewerten. Zu einem Adjektiv gibt es häufig ein Gegenteil.

| | | |
|---|---|---|
| Beispiel: | *groß – klein* | *dick – dünn* |
| | *kurz – lang* | *kalt – warm* |
| | *rund – eckig* | *weit – eng* |
| | *nass – trocken* | *ernst – heiter* |

## W 41 Das Adjektiv im Satzzusammenhang

Im Satzzusammenhang kann das Adjektiv in unterschiedlicher Weise eingesetzt werden:

1. Das Adjektiv steht vor einem Nomen/Substantiv und kennzeichnet dieses näher. Es wird gemeinsam mit dem Nomen/Substantiv gebeugt (dekliniert).

   Beispiel: *Der **kleine** Junge spielt mit einem **roten** Ball.*

2. Das Adjektiv bezieht sich auf ein Nomen/Substantiv, steht jedoch in enger Verbindung zu einem Hilfsverb. Es wird nicht gebeugt (dekliniert).

   Beispiel: *Der Junge ist **klein**.*
   *Die Schuhe sind **schmutzig**.*

3. Das Adjektiv kennzeichnet eine Tätigkeit, einen Vorgang oder einen Zustand näher. Es wird nicht gebeugt (dekliniert).

   Beispiel: *Das Mädchen läuft **schnell**.*
   *Der Mond schien **hell**.*
   *Die Blumen duften **angenehm**.*

## W 42 Die Deklination eines Adjektivs mit einem Nomen/Substantiv

| | | **Singular** | |
|---|---|---|---|
| **Kasus** | **Maskulinum** | **Femininum** | **Neutrum** |
| Nominativ | der rote Ball | die kleine Katze | das alte Haus |
| Genitiv | des roten Balls | der kleinen Katze | des alten Hauses |
| Dativ | dem roten Ball | der kleinen Katze | dem alten Haus |
| Akkusativ | den roten Ball | die kleine Katze | das alte Haus |
| | | **Plural** | |
| **Kasus** | **Maskulinum** | **Femininum** | **Neutrum** |
| Nominativ | die roten Bälle | die kleinen Katzen | die alten Häuser |
| Genitiv | der roten Bälle | der kleinen Katzen | der alten Häuser |
| Dativ | den roten Bällen | den kleinen Katzen | den alten Häusern |
| Akkusativ | die roten Bälle | die kleinen Katzen | die alten Häuser |

## W 43 Die Steigerung der Adjektive

Viele Adjektive kann man steigern. Dabei unterscheidet man drei Stufen, den **Positiv** (Grundstufe), den **Komparativ** (1. Steigerungsstufe oder Vergleichsstufe) und den **Superlativ** (2. Steigerungsstufe oder Höchststufe). Einige Adjektive werden unregelmäßig gesteigert.

| Steigerungsform | Positiv (Grundstufe) | Komparativ (Vergleichsstufe) | Superlativ (Höchststufe) |
|---|---|---|---|
| regelmäßig | klein | kleiner | am kleinsten |
| | schnell | schneller | am schnellsten |
| | weit | weiter | am weitesten |
| | groß | größer | am größten |
| unregelmäßig | gut | besser | am besten |
| | viel | mehr | am meisten |

Einige Adjektive können nur einmal oder gar nicht gesteigert werden.

Nur einmal gesteigert werden zum Beispiel: *äußere – äußerste*
*innere – innerste*
*vordere – vorderste*
*hintere – hinterste*
*untere – unterste*

Gar nicht gesteigert werden vor allem Zusammensetzungen, Kennzeichnungen für Materialien oder Adjektive, die bereits im Positiv eine Höchststufe ausdrücken, zum Beispiel:

*himmelweit, riesengroß, steinhart, golden, einzig, ganz*

## W 44 Wie können Adjektive gebildet werden?

**1.** Durch **vorangestellte Wortbausteine (Präfixe)** wie

ge-: *geheim, gesund, gemein, geschwind usw.*
un-: *ungesund, ungemütlich, unerfahren, unglücklich usw.*

**2.** Durch **angehängte Wortbausteine (Suffixe)** wie

-bar: *wunderbar, brauchbar, veränderbar usw.*
-haft: *dauerhaft, fehlerhaft, krankhaft usw.*
-ig: *riesig, lebendig, prächtig usw.*
-isch: *diebisch, närrisch, kindisch usw.*
-lich: *weiblich, veränderlich, sächlich usw.*
-sam: *einsam, mühsam, schweigsam usw.*

**3.** Durch **Zusammensetzungen** mit anderen Wortarten (Nomen/Substantive, Verben usw.) oder weiteren Adjektiven, zum Beispiel:

| | | | | |
|---|---|---|---|---|
| *eiskalt* | *hellrot* | *schreibfaul* | *vorwitzig* | *dreiseitig* |
| *steinhart* | *dunkelblau* | *treffsicher* | *nachlässig* | *zweibeinig* |
| *taghell* | *altklug* | *rauflustig* | *überlaut* | *viereckig* |

## W 45 Das Pronomen (Fürwort)

Die meisten **Pronomen** (auch: Pronomina) sind **deklinierbar**.
Oft vertreten sie das Nomen, stehen also stellvertretend für ein Nomen. Daher kommt auch die deutsche Bezeichnung **Fürwort**.

Beispiel: ***Der Junge*** *besucht* ***die Großmutter****.*
***Er*** *besucht* ***sie****.*

Pronomen können auch ein Nomen begleiten, auf dieses hinweisen, sich darauf beziehen oder danach fragen.

Beispiel: ***Dieses*** *ist* ***meine*** *Schultasche.*
***Wer*** *kann* ***sich*** *daran erinnern?*

## W 46 Die unterschiedlichen Pronomen im Überblick

| | |
|---|---|
| **Personalpronomen** (persönliches Fürwort): | ich, du ... |
| **Possessivpronomen** (besitzanzeigendes Fürwort): | mein, dein ... |
| **Demonstrativpronomen** (hinweisendes Fürwort): | dieser, jener ... |
| **Relativpronomen** (bezügliches Fürwort): | der, welcher ... |
| **Reflexivpronomen** (rückbezügliches Fürwort): | sich, mich ... |
| **Interrogativpronomen** (fragendes Fürwort): | wer? was? ... |
| **Indefinitpronomen** (unbestimmtes Fürwort): | jemand, man ... |

## W 47 Das Personalpronomen

**Personalpronomen (persönliche Fürwörter)** stehen für Personen oder Sachen.

Beispiel: ***Das Mädchen*** *schlägt* ***den Nagel*** *mit dem Hammer in die Wand.*
***Sie*** *schlägt* ***ihn*** *mit dem Hammer in die Wand.*

Mit **Personalpronomen** werden auch die **Personalformen** eines Verbs (s. W 06) gebildet (***ich*** *gehe,* ***du*** *gehst,* ***er****,* ***sie****,* ***es*** *geht* ...). Man unterscheidet jeweils im Singular und Plural drei Personen, die mit einem Personalpronomen bezeichnet werden können:

| | **Singular** | **Plural** |
|---|---|---|
| **die sprechende Person** (1. Person): | ich | wir |
| **die angesprochene Person** (2. Person): | du | ihr |
| **die Person oder Sache, über die gesprochen wird** (3. Person): | er, sie, es | sie |

## W 48 Die Deklination der Personalpronomen

| Singular | Kasus | | | |
|---|---|---|---|---|
| | Nominativ | Genitiv | Dativ | Akkusativ |
| 1. | ich | meiner | mir | mich |
| 2. | du | deiner | dir | dich |
| 3. | er<br>sie<br>es | seiner<br>ihrer<br>seiner | ihm<br>ihr<br>ihm | ihn<br>sie<br>es |
| **Plural** | | | | |
| 1. | wir | unser | uns | uns |
| 2. | ihr | euer | euch | euch |
| 3. | sie | ihrer | ihnen | sie |
| **höfliche Anrede** | | | | |
| | Sie | Ihrer | Ihnen | Sie |

## W 49 Das Possessivpronomen (besitzanzeigendes Fürwort)

Das **Possessivpronomen** zeigt den **Besitz** oder die **Zugehörigkeit** an. Es steht in der Regel vor dem Nomen/Substantiv, auf das es sich bezieht.

Beispiel: ***mein*** *Schreibstift,* ***unsere*** *Wohnung,* ***euer*** *Haus*

Zu jedem **Personalpronomen** gibt es ein passendes **Possessivpronomen**:

| Personal-pronomen | Possessivpronomen im Nominativ Singular | | |
|---|---|---|---|
| | Maskulinum | Femininum | Neutrum |
| ich | mein (Hund) | meine (Katze) | mein (Pferd) |
| du | dein | deine | dein |
| er | sein | seine | sein |
| sie | ihr | ihre | ihr |
| es | sein | seine | sein |
| wir | unser | unsere | unser |
| ihr | euer | eure | euer |
| sie | ihr | ihre | ihr |

## W 50 Die Deklination der Possessivpronomen

| Personal-pron. | Kasus | Singular | | | Plural |
|---|---|---|---|---|---|
| | | Maskulinum | Femininum | Neutrum | Mask., Fem., Neutr. |
| 1. Pers. ich | Nominativ | mein (Hund) | meine (Maus) | mein (Pferd) | meine (Hunde, Mäuse, Pferde) |
| | Genitiv | meines | meiner | meines | meiner |
| | Dativ | meinem | meiner | meinem | meinen |
| | Akkusativ | meinen | meine | mein | meine |
| 2. Pers. du | Nominativ | dein | deine | dein | deine |
| | Genitiv | deines | deiner | deines | deiner |
| | Dativ | deinem | deiner | deinem | deinen |
| | Akkusativ | deinen | deine | dein | deine |
| 3. Pers. er, es | Nominativ | sein | seine | sein | seine |
| | Genitiv | seines | seiner | seines | seiner |
| | Dativ | seinem | seiner | seinem | seinen |
| | Akkusativ | seinen | seine | sein | seine |
| 3. Pers. sie | Nominativ | ihr | ihre | ihr | ihre |
| | Genitiv | ihres | ihrer | ihres | ihrer |
| | Dativ | ihrem | ihrer | ihrem | ihren |
| | Akkusativ | ihren | ihre | ihr | ihre |
| 1. Pers. wir | Nominativ | unser | unsere | unser | unsere |
| | Genitiv | unseres | unserer | unseres | unserer |
| | Dativ | unserem | unserer | unserem | unseren |
| | Akkusativ | unseren | unsere | unser | unsere |
| 2. Pers. ihr | Nominativ | euer | eure | euer | eure |
| | Genitiv | eures | eurer | eures | eurer |
| | Dativ | eurem | eurer | eurem | euren |
| | Akkusativ | euren | eure | euer | eure |
| 3. Pers. sie | Nominativ | ihr | ihre | ihr | ihre |
| | Genitiv | ihres | ihrer | ihres | ihrer |
| | Dativ | ihrem | ihrer | ihrem | ihren |
| | Akkusativ | ihren | ihre | ihr | ihre |

Zu den Possessivpronomen gibt es ebenfalls eine Höflichkeitsform, die großgeschrieben wird.

Beispiel: *Wir werden uns um* ***Ihr*** *Anliegen kümmern.*

## W 51 Das Demonstrativpronomen (hinweisendes Fürwort)

**Demonstrativpronomen** weisen auf eine Person, einen Gegenstand oder Sachverhalt hin. Oft stehen sie als Begleiter **vor einem Nomen**.

Beispiel: ***Dieses*** *Fahrrad wünsche ich mir zum Geburtstag.*
*Ich erinnere mich nicht gern an* ***jenes*** *Ereignis.*

Ein Demonstrativpronomen kann jedoch auch **für ein Nomen** stehen.

Beispiel: ***Dieses*** *ist mir zu teuer. (****Dieses*** *= Fahrrad)*

## W 52 Die unterschiedlichen Demonstrativpronomen

Man unterscheidet folgende Demonstrativpronomen:

1. **der, die, das**
   Die Wörter werden in diesem Fall betont ausgesprochen und unterscheiden sich dadurch vom Artikel.
   Beispiel: ***Die*** *Hose gefällt mir nicht.*

2. **dieser, diese, dieses**
   Diese Demonstrativpronomen weisen noch etwas betonter als „der, die das" auf etwas hin.
   Beispiel: ***Diese*** *Regel kann ich mir gut merken.*

3. **jener, jene, jenes**
   Mit diesen Demonstrativpronomen zeigt ein Sprecher häufig, dass er von einer Person oder Sache Abstand halten will. Oft besteht auch eine große räumliche oder zeitliche Entfernung.
   Beispiel: *In* ***jener*** *Zeit gab es noch kein elektrisches Licht.*
   *Mit* ***jenen*** *Menschen möchte ich nichts zu tun haben.*

4. **solcher, solche, solches – solch ein, solch eine, solch ein**
   Diese Demonstrativpronomen weisen auf die besondere Art einer Person oder Sache hin.
   Beispiel: *Einen* ***solchen*** *Erfolg haben wir nicht erwartet.*
   ***Solch ein*** *Mittelstürmer ist unbezahlbar.*

5. **derselbe, dieselbe, dasselbe**
   Diese Demonstrativpronomen deuten auf eine bekannte und bereits genannte Person oder Sache hin.
   Beispiel: *Wir fuhren mit* ***derselben*** *Fähre wie im letzten Jahr.*

6. **derjenige, diejenige, dasjenige**
   Diese Demonstrativpronomen weisen sehr oft auf eine Person oder Sache hin, die im weiteren Satzzusammenhang näher gekennzeichnet wird. Fast immer folgt ein Relativsatz (s. S 25).
   Beispiel: *Ich suche* ***diejenigen*** *Kinder, die meine Kirschen gepflückt haben.*

## W 53 Die Deklination eines Demonstrativpronomens mit einem Nomen/Substantiv

| Kasus | Singular | | | Plural |
|---|---|---|---|---|
| | Maskulinum | Femininum | Neutrum | Mask., Fem., Neutr. |
| Nominativ | dieser Weg | diese Wiese | dieses Land | diese Wege, Wiesen, Länder |
| Genitiv | dieses Weges | dieser Wiese | dieses Landes | dieser Wege, Wiesen, Länder |
| Dativ | diesem Weg | dieser Wiese | diesem Land | diesen Wegen, Wiesen, Ländern |
| Akkusativ | diesen Weg | diese Wiese | dieses Land | diese Wege, Wiesen, Länder |

## W 54 Das Relativpronomen (bezügliches Fürwort)

Das **Relativpronomen** leitet einen **Gliedsatz (Relativsatz/Attributsatz, s. S 25 und S 31)** ein, der durch Komma vom Hauptsatz abgetrennt wird. Häufig bezieht sich das Relativpronomen auf ein Nomen/Substantiv des übergeordneten Satzes. Es kann sich jedoch auch auf ein Pronomen oder den gesamten übergeordneten Satz beziehen.
Wenn es der Satzzusammenhang erfordert, kann vor ein Relativpronomen auch eine Präposition (s. W 76) treten.

## W 55 Die unterschiedlichen Relativpronomen und ihr Bezug

Man unterscheidet folgende Relativpronomen: **der, die, das**
**welcher, welche, welches**
**wer, was**

1. **Relativpronomen** mit Bezug zu einem **Nomen/Substantiv** des übergeordneten Satzes.
   Beispiel: *Das Haus, **das** am Ende der Straße steht, hat grüne Fensterrahmen.*
   *Der Junge, **mit dem** ich immer gespielt habe, ist in eine andere Stadt gezogen.*
   *Die Katze, **die (welche)** mir zugelaufen ist, hat sich schnell erholt.*
2. **Relativpronomen** mit Bezug zu einem **Pronomen** aus dem übergeordneten Satz.
   Beispiel: *Das, **was** ich dir versprochen habe, werde ich auch halten.*
   Ich suche *diejenigen, **die (welche)** mich im Zug angesprochen haben.*
3. **Relativpronomen** mit Bezug zum **gesamten übergeordneten Satz**.
   Beispiel: *Ich verstehe gut, **was** du meinst.*
   ***Wer** Interesse hat, kann mit in die Ausstellung gehen.*

## W 56 Die Deklination des Relativpronomens „der, die, das"

| Kasus | Singular | | | Plural |
|---|---|---|---|---|
| | Maskulinum | Femininum | Neutrum | |
| Nominativ | der | die | das | die |
| Genitiv | dessen | deren | dessen | deren |
| Dativ | dem | der | dem | denen |
| Akkusativ | den | die | das | die |

## W 57 Das Reflexivpronomen (rückbezügliches Fürwort)

Das **Reflexivpronomen** bezieht sich im Satzzusammenhang immer zurück auf das Satzglied **Subjekt**, das über die handelnde Person oder den genannten Gegenstand informiert (s. S 02). Reflexivpronomen und Subjekt bezeichnen im Satz somit dieselbe Person oder denselben Gegenstand.

Beispiel: *Die Reporter informieren **sich** über das Ereignis.*

*Du bemühst **dich** um eine lesbare Handschrift.*

*Ich gönne **mir** eine Pause.*

Einige **Verben** erscheinen immer nur im Zusammenhang **mit einem Reflexivpronomen**, zum Beispiel: sich erinnern, sich anfreunden, sich aufregen, sich benehmen, sich unterhalten ...

## W 58 Die Deklination der Reflexivpronomen

Reflexivpronomen erscheinen im Satzzusammenhang überwiegend im Dativ oder Akkusativ. Der Genitiv kommt selten vor. Der Nominativ entfällt.

| Kasus | Singular | | |
|---|---|---|---|
| | 1. Pers. | 2. Pers. | 3. Pers. |
| Nominativ | – | – | – |
| Genitiv | meiner | deiner | seiner selbst (ihrer selbst) |
| Dativ | mir | dir | sich |
| Akkusativ | mich | dich | sich |

| Kasus | Plural | | |
|---|---|---|---|
| | 1. Pers. | 2. Pers. | 3. Pers. |
| Nominativ | – | – | – |
| Genitiv | unser | euer | ihrer selbst |
| Dativ | uns | euch | sich |
| Akkusativ | uns | euch | sich |

## W 59 Das Interrogativpronomen (fragendes Fürwort)

**Interrogativpronomen** leiten Fragen nach einer Person, einer Sache oder einem Vorgang ein. Sie können **für ein Nomen/Substantiv** oder als Begleiter **vor einem Nomen/Substantiv** stehen.

Beispiel: ***Wer*** *leiht mir sein Fahrrad?*
***Welches*** *Fahrrad soll ich mir kaufen?*

Vor einem Interrogativpronomen kann manchmal eine **Präpositon** (s. W 76) stehen.

Beispiel: ***An welches*** *Spiel erinnerst du dich besonders gern?*

## W 60 Die unterschiedlichen Interrogativpronomen

Man unterscheidet folgende Interrogativpronomen:

**wer? was?**
**welcher? welche? welches? (welch ein? welch eine? welch ein?)**
**was für ein? was für eine?**

1. Das Pronomen **wer** fragt immer nach Lebewesen.
   Beispiel: ***Wer*** *hat das Bonbon gegessen?*
2. Das Pronomen **was** fragt nach Gegenständen, Handlungen oder Vorgängen.
   Beispiel: ***Was*** *hast du heute gemacht?*
3. Mit den Pronomen **welcher, welche, welches** wird häufig nach einer Person oder Sache gefragt, die zu einer Gruppe gehört.
   Beispiel: ***Welche*** *Schülerin hat heute Zeit?*
   ***Auf welchem*** *Campingplatz hast du Urlaub gemacht?*
4. Auch bei Ausrufen verwendet man das Pronomen **welcher, welche, welches**. Zwischen Pronomen und Nomen tritt dann oft ein unbestimmter Artikel.
   Beispiel: ***Welch ein (welches)*** *Glück!*
5. Mit dem Pronomen **was für ein** fragt man nach der Beschaffenheit und näheren Kennzeichnung eines Gegenstandes oder eines Lebewesens.
   Beispiel: ***Was für ein*** *Kleid wünschst du dir?*

**Achtung:** Fragewörter wie „wann?“, „weshalb?“, „wo?“ „wie?“... sind keine Interrogativpronomen, sondern Frageadverbien (s. W 75). Sie stehen nicht stellvertretend für ein Nomen/Substantiv und können es auch nicht begleiten.

## W 61 Die Deklination des Interrogativpronomens „wer?" – „was?"

| Kasus | Singular und Plural | | |
|---|---|---|---|
| | Maskulinum | Femininum | Neutrum |
| Nominativ | wer? | wer? | was? |
| Genitiv | wessen? | wessen? | wessen? |
| Dativ | wem? | wem? | wem? |
| Akkusativ | wen? | wen? | was? |

## W 62 Die Deklination des Interrogativpronomens „welcher?" – „welche?" – „welches?"

| Kasus | Singular | | | Plural |
|---|---|---|---|---|
| | Maskulinum | Femininum | Neutrum | |
| Nominativ | welcher? | welche? | welches? | welche? |
| Genitiv | welchen? | welcher? | welchen? | welcher? |
| Dativ | welchem? | welcher? | welchem? | welchen? |
| Akkusativ | welchen? | welche? | welches? | welche? |

## W 63 Das Indefinitpronomen (unbestimmtes Fürwort)

**Indefinitpronomen** bezeichnen ganz allgemein und unbestimmt Personen oder Sachen. Häufig ist auch eine nicht weiter bestimmte Anzahl gemeint. Indefinitpronomen können **für ein Nomen/Substantiv** oder als Begleiter **vor einem Nomen/Substantiv** stehen. Die meisten Indefinitpronomen sind deklinierbar (Ausnahmen zum Beispiel: man, etwas).

Beispiel: *Ich spreche **jemand(en)** an.*
*Ich wäre gern **einige** Minuten länger geblieben.*
***Man** konnte es nicht voraussehen.*

Die **wichtigsten Indefinitpronomen** sind:

man, jemand, niemand, einer, keiner, jeder, einzelner, mancher, irgendeiner, irgendwer, irgendwas, irgendwelche, einige, ein paar, mehrere, viele, alle, sämtliche, wenige, etliche, etwas, nichts.

## W 64 Die Deklination der Indefinitpronomen „jemand", „niemand", „keiner"

| Kasus | Indefinitpronomen | | |
|---|---|---|---|
| Nominativ | jemand | niemand | keiner |
| Genitiv | jemandes | niemandes | keines |
| Dativ | jemand(em) | niemand(em) | keinem |
| Akkusativ | jemand(en) | niemand(en) | keinen |

# Das Numerale (Zahlwort)

W 65 **Numeralien** sind die Wörter, mit denen man **Mengen** zählt und **Strecken**, **Räume** und **Zeiten** misst. Viele ähneln sehr stark den Adjektiven. Sie können jedoch nur zum Teil dekliniert werden.

Beispiel: *Eine Fußballmannschaft besteht aus* ***elf*** *Spielern.*
*Der* ***erste*** *Monat im Jahr heißt Januar.*
*Die Bremsspur betrug* ***vier*** *Meter.*

## W 66 Die unterschiedlichen Numeralien

Man unterscheidet folgende Zahlwörter:

1. **Kardinalzahlen (Grundzahlen):** *eins, zwei, drei, zehn, hundert, tausend ...*
   Kardinalzahlen werden in der Regel nicht dekliniert. Eine Ausnahme bildet die Zahl eins, wenn sie wie der unbestimmte Artikel vor einem Nomen steht.

   Beispiel: *Du hast noch* ***einen*** *Wunsch frei.*

   Zu den **Kardinalzahlen** zählen auch die **Wiederholungszahlen** *(dreimal, viermal, zehnmal ...).*

2. **Ordinalzahlen (Ordnungszahlen):** *der erste, zweite, dritte, zehnte, hundertste, tausendste Besucher*

   Ordinalzahlen werden **wie ein Adjektiv** zusammen mit ihrem Nomen **gebeugt *(dekliniert)*.**

   Beispiel: *Wir beglückwünschen* ***den tausendsten*** *Besucher der Ausstellung.*

   Von den **Ordinalzahlen** werden die **Bruchzahlen** *(ein Drittel, ein Viertel, ein Zehntel ...)* und die **Einteilungszahlen** *(erstens, zweitens, zehntens ...)* abgeleitet.
   Bruchzahlen, die vor Maßangaben stehen, werden kleingeschrieben (*ein viertel Kilogramm*) oder mit der Maßangabe zusammengeschrieben (*ein Viertelkilogramm*).
   Bruchzahlen, die allein stehen, sind grammatisch Nomen/Substantive und werden großgeschrieben.

## W 67 Deklination einer Ordinalzahl mit einem Nomen im Maskulinum

| Kasus | Singular | Plural |
|---|---|---|
| Nominativ | der erste Tag | die ersten Tage |
| Genitiv | des ersten Tages | der ersten Tage |
| Dativ | dem ersten Tag | den ersten Tagen |
| Akkusativ | den ersten Tag | die ersten Tage |

W 68 **Das Adverb (Umstandswort)**

**Adverbien** dienen vor allem dazu, innerhalb eines Satzes die **Umstände des Geschehens** näher zu kennzeichnen (Zeit, Ort, Grund ...). Sie verändern im Satzzusammenhang nicht ihre Form, sind also **nicht flektierbar**.
Häufig bilden sie ein eigenständiges Satzglied.

Beispiel: *(**Morgen**) (besuche) (ich) (meine Freundin).*
*(Ich) (sehe) (**dort**) (die neue Sprungschanze).*

W 69 **Die unterschiedlichen Adverbien**

Man unterscheidet folgende Adverbien:

- **Lokaladverb** (Umstandswort des Ortes)
- **Temporaladverb** (Umstandswort der Zeit)
- **Modaladverb** (Umstandswort der Art und Weise)
- **Kausaladverb** (Umstandswort des Grundes)
- **Relativadverb** (Umstandswort, das eine Beziehung ausdrückt)
- **Interrogativadverb** (Umstandswort, mit dem man fragt)

W 70 **1. Das Lokaladverb (Umstandswort des Ortes)**

Lokaladverbien geben Auskunft über den Ort des Geschehens. Man erfragt sie mit: **Wo? Wohin? Woher?**

Wichtige Lokaladverbien sind: hier, da, dort, oben, unten, draußen, drinnen, innen, außen, hierher, nirgendwo, dorthin, rechts, links, bergauf, bergab, aufwärts, abwärts, vorn, hinten, überall ...

Beispiel: ***Draußen** stürmte es fürchterlich.*
*Am Morgen wanderten wir eine Stunde **bergauf**.*

W 71 **2. Das Temporaladverb (Umstandswort der Zeit)**

Temporaladverbien ordnen das im Satz ausgedrückte Geschehen in eine bestimmte Zeit ein. Man erfragt sie mit: **Wann? Wie lange? Seit wann? Wie oft?**

Wichtige Temporaladverbien sind: jetzt, heute, nun, bald, gestern, morgen, neulich, zuerst, zuletzt, dann, damals, bereits, noch, niemals, morgens, abends, mittags, seither, vorher, nachher, demnächst, sofort, inzwischen, endlich, immer, oft, nie, nochmals, stets, zeitweise ...

Beispiel: *Mein Bruder kam **gestern** in Frankfurt an.*
***Morgens** gehe ich **immer** zum Schwimmen.*

W 72 **3. Das Modaladverb (Umstandswort der Art und Weise)**

Modaladverbien beschreiben näher, auf welche Art und Weise sich eine Handlung vollzieht. Man erfragt sie mit: **Wie? Auf welche Weise? Wie sehr?**

Wichtige Modaladverbien sind:
gern, sehr, anders, vergebens, ebenso, ebenfalls, gleichsam, teilweise, möglicherweise, paarweise, äußerst, sogar, nur, vielleicht, nicht, noch, überaus, kaum, fast ...

Beispiel: *Andrea geht **gern** in den Zirkus.*
***Fast** hätte ich vergessen dir zu gratulieren.*

W 73 **4. Das Kausaladverb (Umstandswort des Grundes)**

Kausaladverbien geben den Grund, den Zweck, das Mittel oder die Bedingung an, unter denen etwas geschieht. Man erfragt sie mit: **Warum? Weshalb? Wozu? Wofür? Womit? Unter welcher Bedingung?** Kausaladverbien verdeutlichen häufig den gedanklichen Zusammenhang von zwei Aussagen und können die Aufgabe einer Konjunktion (s. W 78–79) übernehmen.

Wichtige Kausaladverbien sind:
darum, deshalb, daher, folglich, deswegen, trotzdem, dennoch, dafür, also, infolgedessen, denn, somit, dadurch, hiermit, nämlich ...

Beispiel: *Andrea verletzte sich. **Deshalb** konnte sie den Wettkampf nicht fortsetzen.*
*Wir haben uns **dennoch** erholt.*

W 74 **5. Das Relativadverb (Umstandswort, das eine Beziehung ausdrückt)**

Relativadverbien leiten einen **Nebensatz/Gliedsatz** (**Relativsatz,** s. S 25) ein. Sie beziehen sich auf ein Nomen des Hauptsatzes oder auf den gesamten Hauptsatz. Im Gegensatz zu den Relativpronomen (s. W 54–56) sind sie nicht flektierbar.

Zu den Relativadverbien gehören: wo, wohin, weshalb, worüber ...

Beispiel: *Kennst du das <u>Land</u>, **wo** die Zitronen blühen?*
*<u>Ich weiß nicht</u>, **worüber** ich mit dir reden soll.*

W 75 **6. Das Interrogativadverb (Umstandswort, mit dem man fragt)**

Frageadverbien leiten **Fragesätze** (Ergänzungsfragen; s. S 18) ein, die sich auf die näheren Umstände eines Geschehens beziehen. Von den Fragepronomen unterscheiden sie sich, weil sie nicht vor einem Nomen oder für ein Nomen stehen.

Die wichtigsten Interrogativadverbien sind:
Wo? Wohin? Woher? (lokal)
Wann? Wie oft? Wie lange? (temporal)
Wie? (modal)
Warum? Weshalb? (kausal)
Wozu? Wofür? (final)
Womit? Wodurch? (instrumental)

Beispiel: ***Wo** liegt der schöne Ort Medebach?*
***Wann** sehen wir uns wieder?*
***Womit** hast du dieses Bild gemalt?*

## W 76 Die Präposition (Verhältniswort)

Mit **Präpositionen** können die Glieder eines Satzes in Beziehung gesetzt werden. So können mit Präpositionen zum Beispiel **räumliche** (vor, hinter), **zeitliche** (bis, nach) oder **ursächliche** (wegen, infolge) **Beziehungen/Verhältnisse** deutlich gemacht werden.
**Präpositionen** stehen sehr häufig **vor einem Nomen oder Pronomen**. Gelegentlich verschmelzen sie mit dem bestimmten Artikel (im – in dem; vorm – vor dem).

Beispiel: *Die Katze sitzt* ***auf*** *der Mauer.*
***Vor*** *ihr liegt ein kleiner Ball.*
***Im (in dem)*** *Wald hat sich die Maus versteckt.*

## W 77 Präpositionen und die geforderten grammatischen Fälle

Präpositionen erfordern von dem Nomen oder Pronomen, vor dem sie stehen, jeweils einen bestimmten grammatischen Fall. So kann man sie folgendermaßen einteilen:

**1. Präpositionen mit dem Genitiv:**
aufgrund, anstelle, anlässlich, außerhalb, innerhalb, diesseits, jenseits, unweit, ungeachtet, während, wegen, trotz, zugunsten, ...

Beispiel: ***Wegen*** *des schlechten Wetters mussten wir eine Pause einlegen.*
***Trotz*** *einer Verletzung spielte der Mittelstürmer.*

**2. Präpositionen mit dem Dativ:**
aus, bei, von, nach, außer, zu, seit, mit, entgegen, entsprechend, ...

Beispiel: *Er spielt* ***mit*** *der Eisenbahn.*
*Wir treffen uns* ***bei*** *mir.*

**3. Präpositionen mit dem Akkusativ:**
für, durch, um, ohne, gegen, wider, ...

Beispiel: *Er läuft* ***durch*** *den Wald.*
***Ohne*** *festes Schuhwerk sollte man nicht wandern.*

**4. Präpositionen mit dem Dativ oder Akkusativ:**
an, hinter, neben, in, über, unter, vor, zwischen, ...

| **Dativ**<br>**wo?** | **Akkusativ**<br>**wohin?** |
|---|---|
| *Wir treffen uns* ***in*** *dem Gartenhaus.*<br>*Er hat sich* ***unter*** *dem Tisch versteckt.*<br>*Der Eimer steht* ***neben*** *dem Schrank.* | *Wir ziehen* ***in*** *das Gartenhaus.*<br>*Er kriecht* ***unter*** *den Tisch.*<br>*Ich stelle den Eimer* ***neben*** *den Schrank.* |

# Die Konjunktion (Bindewort)

**W 78** **Konjunktionen** verbinden **Wörter, Wortgruppen oder Sätze** miteinander.

Beispiel: *Klaus **und** Andrea sitzen in der Schule nebeneinander.*
*Klaus liest am liebsten Krimis von Agatha Christie **oder** spannende Abenteuerbücher.*
*Andrea bleibt heute zu Hause, **weil** sie erkältet ist.*

Man unterscheidet **nebenordnende Konjunktionen** und **unterordnende Konjunktionen**.

## W 79 Nebenordnende Konjunktionen

Werden **grammatisch gleichwertige Wörter, Wortgruppen oder Sätze (zum Beispiel Hauptsätze)** miteinander verbunden, spricht man von **nebenordnenden Konjunktionen**. Häufig verdeutlichen sie den logischen Zusammenhang zwischen den verbundenen Wörtern, Wortgruppen oder Sätzen. Adverbien (s. W 73) können die Aufgabe von Konjunktionen übernehmen.

Wichtige nebenordnende Konjunktionen sind:
und, oder, auch, sowie, zudem, ferner, sowohl - als auch, weder - noch, nicht nur - sondern auch, aber, dennoch, andernfalls, also, genauso, insofern, denn, somit, daher, darum, trotzdem...

Beispiel: *Jannis, Marius **oder** Lukas können im Tor spielen.*
*Jonas ist klein, **aber** schnell. **Deshalb** spielt er im Angriff.*
*Tobias hat sich am Fuß verletzt, **trotzdem** spielt er weiter.*

## W 80 Unterordnende Konjunktionen

Unterordnende Konjunktionen **leiten einen Gliedsatz/Nebensatz ein** und verbinden diesen mit einem grammatisch übergeordneten Hauptsatz.

Wichtige unterordnende Konjunktionen sind:
dass, als, nachdem, bevor, während, weil, da, wenn, so dass (auch: sodass), indem, obwohl, obgleich, damit, anstatt dass... (s. S 24, 32)

Beispiel: *Wir machten einen Spaziergang, **nachdem** wir gegessen hatten.*
***Wenn** es regnet, bleiben wir in der Klasse.*

# Satzlehre

## S 01 Was ist ein Satzglied?

Sätze bestehen nicht aus lose aneinander gereihten Wörtern, sondern aus **Satzgliedern**, die unterschiedliche Aufgaben im Satz übernehmen. **Satzglieder** können **aus einem Wort**, aber auch **aus mehreren Wörtern**, die zu einer Wortgruppe gehören, bestehen.
Welche Wörter eines Satzes jeweils ein Satzglied bilden, findet man heraus, wenn man versucht sie umzustellen. Man spricht auch von der **Umstellprobe**. Einzelne Wörter oder Wortgruppen, die sich bei der Umstellprobe verschieben lassen, bilden ein Satzglied.

Beispiel: *Andrea | schenkte | gestern | ihrem Freund | einen kleinen Hund.*
*Gestern | schenkte | Andrea | ihrem Freund | einen kleinen Hund.*
*Einen kleinen Hund | schenkte | Andrea | ihrem Freund | gestern.*
*Ihrem Freund | schenkte | Andrea | gestern | einen kleinen Hund.*

## Die unterschiedlichen Satzglieder und ihre Aufgaben

### S 02 Das Subjekt (Satzgegenstand)

Das Satzglied **Subjekt** drückt aus, **wer oder was** etwas tut oder **wer oder was** etwas ist. Es besteht immer aus einem Pronomen oder Nomen/Substantiv, zu dem weitere Wörter hinzukommen können. Das Subjekt steht immer im **Nominativ (1. Fall)**.
Das Subjekt antwortet auf die Frage: **Wer oder was...?**

Beispiel: ***Die kleinen Kinder*** *spielen auf dem Hof.*
Frage: ***Wer (oder was)*** *spielt auf dem Hof?*
Antwort: ***Die kleinen Kinder*** = **Subjekt**

Beispiel: ***Das Wasser*** *ist kalt.*
Frage: ***(Wer oder) was*** *ist kalt?*
Antwort: ***Das Wasser*** = **Subjekt**

Beispiel: *Morgen besuchen* ***wir*** *euch.*
Frage: ***Wer (oder was)*** *besucht euch morgen?*
Antwort: ***Wir*** = **Subjekt**

Das **Subjekt** kann auch die **Form eines Gliedsatzes** haben. Man spricht dann vom **Subjektsatz** (s. S 29).

**S 03**

## Das Prädikat (Satzaussage)

Das **Prädikat** drückt aus, was das Subjekt (die Person, der Gegenstand…) tut, was es ist oder was mit ihm geschieht. Das Prädikat besteht immer aus der **konjugierten Form eines Verbs**.
Das Prädikat antwortet auf die Frage: **Was tut…? Was geschieht…?**

Beispiel: *Der Hund **bellt** in seinem Zwinger.*
Frage: ***Was tut** der Hund?*
Antwort: *(Er)* ***bellt*** **= Prädikat**

Das **Prädikat** kann auch **aus zwei Teilen** bestehen. Man spricht dann von einer **Prädikatsklammer**, weil das Prädikat andere Satzglieder einschließt.

Beispiel: *Morgen **rufe** ich dich **an**.*
Frage: ***Was tue** ich morgen?*
Antwort: *(Ich) **rufe** (dich) **an*** = **Prädikat**

Beispiel: *Das Auto **wird** aus dem Graben **gezogen**.*
Frage: ***Was geschieht** mit dem Auto?*
Antwort: *(Es) **wird** (aus dem Graben) **gezogen*** = **Prädikat**

**S 04**

## Das Prädikativ (Artergänzung, Gleichsetzungsnominativ)

Das **Prädikativ** ist eine Ergänzung der Hilfsverben ***sein*** und ***werden*** und sehr eng mit dem Prädikat verbunden. Inhaltlich bezieht es sich auf das Subjekt. Es ist ein eigenständiges Satzglied, weil es umgestellt werden kann. Auch die Verben ***bleiben*** und ***gelten als*** erfordern ein Prädikativ.
Das Prädikativ kann auf unterschiedliche Weise gebildet werden, zum Beispiel:

mit einem **Adjektiv**, das nicht dekliniert ist

Beispiel: *Die Katze ist **zahm**.*
*Das Wetter wird **schlechter**.*

mit einem **Nomen und weiteren Wortarten im Nominativ (Gleichsetzungsnominativ)**

Beispiel: *Lukas ist **mein bester Freund**.*
*Andrea gilt als **gute Basketballspielerin**.*

mit einem **Numerale**

Beispiel: *Sie waren **zu dritt**.*

## S 05 Das Objekt (Satzergänzung)

Viele Prädikate erfordern weitere Satzglieder, damit ein sinnvoller Satz entsteht. Zu diesen Satzgliedern zählen auch die **Objekte**, die das **Ziel der Handlung** oder den Gegenstand bzw. die Person, die von dieser Handlung betroffen ist, nennen. Objekte bestehen wie das Subjekt mindestens aus einem **Nomen/Substantiv oder Pronomen**. Zu dem Nomen/Substantiv können weitere Wortarten hinzukommen.

Man unterscheidet folgende Objekte:

## S 06 Das Akkusativobjekt

Das **Akkusativobjekt** antwortet auf die Frage: **Wen oder was?**

Beispiel: *Klaus besucht* ***seinen Freund****.*
Frage: ***Wen (oder was)*** *besucht Klaus?*
Antwort: ***seinen Freund*** = **Akkusativobjekt**

Beispiel: ***Dieses Spiel*** *habe ich mir gewünscht.*
Frage: ***(Wen oder) was*** *habe ich mir gewünscht?*
Antwort: ***dieses Spiel*** = **Akkusativobjekt**

## S 07 Das Dativobjekt

Das **Dativobjekt** antwortet auf die Frage: **Wem?**

Beispiel: *Andrea hilft* ***ihrem Bruder****.*
Frage: ***Wem*** *hilft Andrea?*
Antwort: ***ihrem Bruder*** = **Dativobjekt**

## S 08 Das Genitivobjekt

Das **Genitivobjekt** kommt sehr selten und nur in Verbindung mit wenigen Verben vor; z.B.: gedenken, sich bemächtigen, bedürfen.
Das Genitivobjekt antwortet auf die Frage: **Wessen?**

Beispiel: *Wir gedenken* ***unserer Verstorbenen****.*
Frage: ***Wessen*** *gedenken wir?*
Antwort: ***unserer Verstorbenen*** = **Genitivobjekt**

**S 09**

## Das präpositionale Objekt

Bestimmte Verben stehen eng mit einer Präposition in Verbindung und erfordern Objekte, die mit diesen Präpositionen eingeleitet werden. Die Präpositionen verlangen wiederum einen bestimmten Kasus (Fall) des folgenden Nomens/Substantivs. Man unterscheidet: **präpositionales Dativobjekt und präpositionales Akkusativobjekt**.
Präpositionale Objekte antworten entsprechend den verwendeten Präpositionen auf Fragen wie: worauf/ auf wen oder was, wofür/für wen oder was, woraus, woran, worüber…

Ein **präpositionales Objekt** erfordern zum Beispiel folgende Verben:

achten auf, arbeiten an, abhängen von, anfangen mit, beginnen mit, aufhören mit, sich aufregen über, sich bedanken für, berichten über, bestehen aus, anknüpfen an, sich ärgern über, sich streiten um…

Beispiel: *Ich bedanke mich **für das Geschenk**.*
Frage: ***Wofür/Für** (wen oder) **was** bedanke ich mich?*
Antwort: ***für das Geschenk*** = **präpositionales Akkusativobjekt**

Beispiel: *Ich beginne jetzt **mit meiner Rede**.*
Frage: ***Womit/Mit** (wem oder) **was** beginne ich jetzt?*
Antwort: ***mit meiner Rede*** = **präpositionales Dativobjekt**

Das **Objekt** kann auch die **Form eines Gliedsatzes** haben. Man spricht dann vom **Objektsatz** (s. S 30).

**S 10**

## Das Adverbiale (Umstandsbestimmung, adverbiale Bestimmung)

Mit **Adverbialien** kann man die **Umstände eines Geschehens (Zeit, Ort, Grund…)** näher kennzeichnen. Adverbialien können auf unterschiedliche Weise gebildet werden, zum Beispiel:

mit einem **Adverb**

Beispiel: *Andreas steht **dort**.*

mit einem **Adjektiv**

Beispiel: *Karoline singt **laut**.*

mit einer **Präposition, einem Nomen/Substantiv und weiteren Wortarten**

Beispiel: ***Wegen des schlechten Wetters** bleiben wir **im Haus**.*

mit einem **Gliedsatz** (s. S 32)

Beispiel: *Monika freute sich, **weil sie drei Tore geschossen hatte**.*

S 11

## Die unterschiedlichen Adverbialien

**1. Lokaladverbiale – Umstandsbestimmung des Ortes und der Richtung**

Frage: **Wo? Wohin? Woher?**
Beispiel: *Auf der Autobahn ereignete sich ein Unfall.*

**2. Temporaladverbiale – Umstandsbestimmung der Zeit**

Frage: **Wann? Wie lange? Seit wann? Wie oft?**
Beispiel: *Am Donnerstag feiere ich meinen Geburtstag.*

**3. Modaladverbiale – Umstandsbestimmung der Art und Weise**

Frage: **Wie? Auf welche Art und Weise?**
Beispiel: *Der Fußballspieler trainiert fleißig.*

**4. Instrumentaladverbiale – Umstandsbestimmung des Mittels**

Frage: **Mit welchem Mittel? Womit?**
Beispiel: *Er schlägt den Nagel mit dem Hammer in die Wand.*

**5. Kausaladverbiale – Umstandsbestimmung des Grundes**

Frage: **Warum? Weshalb?**
Beispiel: *Vor Freude machte er einen Luftsprung.*

**6. Weitere Adverbialien** antworten auf die Fragen:

Frage: **Unter welcher Bedingung?** (Konditionaladverbiale)
Beispiel: *Ohne Fahrkarte darf man nicht Zug fahren.*

Frage: **Mit welcher Wirkung?** (Konsekutivadverbiale)
Beispiel: *Er arbeitet zu meiner Zufriedenheit.*

Frage: **Zu welchem Zweck?** (Finaladverbiale)
Beispiel: *Ich gebe dir zum Einkaufen Geld.*

Frage: **Trotz welchen Umstandes?** (Konzessivadverbiale)
Beispiel: *Trotz des Regens wandern wir.*

x1 konsekutiv ⇒ aufeinander folgend
⇒ Adv. Satz der Folge

xx konzessiv ⇒ einräumend

## S 12 Das Attribut (Beifügung)

**Attribute** haben im Satz fast immer die Aufgabe, ein **Nomen/Substantiv** näher zu bestimmen. Sie sind keine eigenständigen Satzglieder, weil sie nur zusammen mit ihrem **Bezugsnomen** umgestellt werden können. Man nennt sie deshalb **Satzgliedteile**. Attribute können jedes Satzglied erweitern, das aus einem Nomen/Substantiv gebildet wird.
Attribute stehen entweder **vor oder hinter ihrem Bezugsnomen**.
Man erfragt sie mit: **Was für einer? Was für eine? Was für ein?**

| Beispiel: | *Ein **kleiner** Rauhaardackel* | *verfolgte* | *vorgestern* | *den Hausmeister **der Schule**.* |
|---|---|---|---|---|
| | Attribut (Bezugsnomen) | | | (Bezugsnomen) Attribut |
| | **Subjekt** | **Prädikat** | **Adverbiale** | **Akkusativobjekt** |

| | | | |
|---|---|---|---|
| *Vorgestern* | *verfolgte* | *ein **kleiner** Rauhaardackel* | *den Hausmeister **der Schule**.* |
| *Den Hausmeister **der Schule*** | *verfolgte* | *vorgestern* | *ein **kleiner** Rauhaardackel.* |

## S 13 Die wichtigsten Attributarten

**1. Das Adjektivattribut**
Das Adjektivattribut steht fast immer vor dem Bezugsnomen. Es kann auch aus dem Partizip I oder II eines Verbs gebildet werden.

Beispiel: *Das **mutige** Mädchen klettert auf einen **hohen** Baum.*
*Ich mag **spielende** Kinder.*
*Ein Polizist hat den **gestohlenen** Schmuck im Stadtpark gefunden.*

**2. Das Genitivattribut**
Das Genitivattribut wird aus einem Nomen im Genitiv gebildet. Es steht meistens hinter dem Bezugsnomen.

Beispiel: *Der Kopfball **des Mittelstürmers** knallte an die Torlatte.*

**3. Das präpositionale Attribut**
Das präpositionale Attribut steht hinter dem Bezugsnomen. Mit einer Präposition sind Bezugsnomen und Attribut verbunden.

Beispiel: *Das Haus **an der Bergstraße** wird im August verkauft.*

**4. Die Apposition**
Die Apposition besteht aus einem nachgestellten Nomen, das den gleichen Kasus (Fall) wie das Bezugsnomen hat. Sehr oft wird es durch Kommas vom Bezugsnomen und dem übrigen Satz abgetrennt. Wenn die Apposition Teil eines Namens ist, fehlen die Kommas.

Beispiel: *Andreas, **unser bester Spieler**, hat sich verletzt.*
*Karl **der Große** wurde 800 zum Kaiser gekrönt.*

**5. Das adverbiale Attribut**

Das adverbiale Attribut besteht aus einem Adverb und steht fast immer hinter dem Bezugsnomen.

Beispiel: *In dem Baum **dort** nistet ein Vogelpaar.*

**6. Der Attributsatz** (s. S 31)

Der Attributsatz ist ein Gliedsatz, der meistens durch ein Relativpronomen (s. W 54) eingeleitet wird.
Dieses Relativpronomen verknüpft den Attributsatz mit einem Nomen (Bezugsnomen) aus dem Hauptsatz.

Beispiel: *Die Turnschuhe, **die ich mir gerade erst gekauft hatte**, habe ich auf dem Sportplatz vergessen.*

Attribute können auch gebildet werden aus einem Numerale oder einem Pronomen.

Beispiel: ***zwei*** *Sekunden,* ***hundert*** *Tage;* ***meine*** *Jacke,* ***unsere*** *Wohnung*

## S 14 Satzglieder und Satzgliedteile im Überblick

| *An einem schönen Ferientag im August* | *besuchen* | *Jannis und Jonas* | *ihre Oma.* |
|---|---|---|---|
| Adjektivattribut, Präp.-Attribut | | | |
| **Temporaladverbiale** | **Prädikat** | **Subjekt** | **Akkusativobjekt** |

| *Im Garten* | *spielen* | *sie* | *ausgelassen* | *mit ihrem neuen Lederfußball.* |
|---|---|---|---|---|
| | | | | Adjektivattribut |
| **Lokaladverbiale** | **Prädikat** | **Subj.** | **Modaladverbiale** | **Instrumentaladverbiale** |

| *Die Obstbäume, die auf dem Rasen stehen,* | *sind* | *die Torpfosten.* |
|---|---|---|
| Attributsatz | | |
| **Subjekt** | **Prädikat** | **Prädikativ** |

| *Jonas* | *schießt* | *aus Übermut* | *den Ball* | *über das Dach der Garage.* |
|---|---|---|---|---|
| | | | | Genitivattribut |
| **Subjekt** | **Prädikat** | **Kausaladverbiale** | **Akk.-Obj.** | **Lokaladverbiale** |

| *Am frühen Abend* | *backt* | *ihnen* | *die Oma* | *leckere Kartoffelpuffer, ihre Spezialität.* |
|---|---|---|---|---|
| Adjektivattribut | | | | Adjektivattribut, Apposition |
| **Temporaladverbiale** | **Prädikat** | **Dativobjekt** | **Subjekt** | **Akkusativobjekt** |

**S 15**

## Die unterschiedlichen Hauptsatzarten

Wenn man spricht, will man etwas Bestimmtes erreichen; man hat eine bestimmte **Sprechabsicht**. Die unterschiedlichen Sprechabsichten kann man unter drei Gesichtspunkten ordnen: Man **teilt etwas mit, fordert zu etwas auf** oder **fragt bzw. will etwas wissen**.
So ergeben sich die **drei Satzarten**, die auch am Satzschlusszeichen zu erkennen sind.

**S 16**

### 1. Der Aussagesatz

Sprechabsicht: mitteilen, erzählen, beschreiben, behaupten
Satzschlusszeichen: **Punkt**

Die konjugierte Verbform bildet im Aussagesatz das zweite Satzglied.

Beispiel: *Der Unterricht **beginnt** um 8.00 Uhr.*
*Es **war** einmal ein König.*
*Der Tisch **ist** rund.*
*Das Auto **ist** zu schnell gefahren.*

**S 17**

### 2. Der Aufforderungssatz

Sprechabsicht: auffordern, befehlen, bitten, wünschen
Satzschlusszeichen: **Ausrufezeichen**

Im Aufforderungssatz steht die Verbform an erster Stelle.

Beispiel: ***Komm** zu mir!*
***Seid** nicht so laut!*

Anstelle des Ausrufezeichens steht am Ende eines Aufforderungssatzes ein Punkt, wenn die Aufforderung ohne Nachdruck gesprochen wird.

Beispiel: ***Reich** mir bitte den Brotaufstrich.*

**S 18**

### 3. Der Fragesatz

Sprechabsicht: fragen, etwas erfahren/wissen wollen
Satzschlusszeichen: **Fragezeichen**

a) **Entscheidungsfrage** (Antwort: ja/nein/vielleicht)
Die konjugierte Verbform steht an erster Stelle.

Beispiel: ***Spielst** du mit mir?*

b) **Ergänzungsfrage** (mit Fragewort)
Die konjugierte Form des Verbs steht an zweiter Stelle.

Beispiel: *Warum **spielst** du nicht mit mir?*

## S 19 Satzart und Sprechabsicht

Satzart und Sprechabsicht müssen nicht immer übereinstimmen. So kann man zum Beispiel mit einem Satz, der wie ein Fragesatz gebaut ist, zu etwas auffordern. Das Satzzeichen richtet sich dann nach der Sprechabsicht.

Beispiel: ***Kommst*** *du jetzt endlich ins Haus!*

Mit einem Satz, der wie ein Aussagesatz gebaut ist, kann man ebenfalls zu etwas auffordern. Dazu gehören auch Sätze, deren Prädikat aus einem Modalverb (s. W 03) besteht.

Beispiel: *Du* ***hast*** *schon wieder die Haustür nicht abgeschlossen!*
*Ihr* ***müsst*** *unbedingt vorsichtiger fahren!*

## S 20 Die Satzreihe

**Vollständige Hauptsätze**, die durch eine nebenordnende Konjunktion (Bindewort, s. W 79) miteinander verbunden sind oder durch einen Punkt, ein Komma oder ein Semikolon getrennt werden, bilden eine **Satzreihe**.

Beispiel: *Draußen regnet es. Deshalb bleiben wir im Haus.*
*Sabine liest ein Buch, ihr Bruder geht ins Kino(,) und ihr Freund spielt Fußball.*
*Ich würde dich gern besuchen; doch ich habe keine Zeit.*

## S 21 Die unterschiedlichen Gliedsätze – das Satzgefüge

Satzgefüge bestehen aus der **Verknüpfung eines Hauptsatzes mit einem oder mehreren Gliedsätzen**, die mit ihren Aussagen den Inhalt des Hauptsatzes ergänzen. Man spricht auch von **Nebensätzen**, weil Gliedsätze grammatisch vom Hauptsatz abhängen. Sie können nicht alleine stehen.
Gliedsätze erkennt man daran, dass sie durch bestimmte Wortarten (unterordnende Konjunktion, Relativpronomen, Relativadverb…) eingeleitet werden und die konjugierte Verbform am Satzende steht.

Beispiel: *Nachdem der Unterricht beendet war, gingen wir nach Hause.*
Gliedsatz — Hauptsatz

*Das Auto, das in der Garage steht, gehört meinem Vater.*
Hauptsatz — Gliedsatz — Hauptsatz

*Sie fragte ihre Freundin, wann der Bus abfahre.*
Hauptsatz — Gliedsatz

Man kann die Gliedsätze unter drei verschiedenen Gesichtspunkten betrachten:

1. **Nach ihrer Stellung zum Hauptsatz** (S 22)
2. **Nach ihrer Form und dem einleitenden Wort** (S 23)
3. **Nach ihrer grammatischen und inhaltlichen Leistung** (S 28)

## S 22 Die Stellung des Gliedsatzes zum Hauptsatz

Der Gliedsatz kann dem Hauptsatz vorausgehen, in den Hauptsatz eingeschoben sein oder ihm folgen.
Der Gliedsatz ist also entweder **Vordersatz, Zwischensatz oder Nachsatz**.

Beispiel: *Wenn ich regelmäßig trainiere, werde ich den Wettkampf bestimmt gewinnen.*
Gliedsatz (Vordersatz) — Hauptsatz

*Ich werde den Wettkampf, wenn ich regelmäßig trainiere, bestimmt gewinnen.*
Hauptsatz — Gliedsatz (Zwischensatz) — Hauptsatz

*Ich werde den Wettkampf bestimmt gewinnen, wenn ich regelmäßig trainiere.*
Hauptsatz — Gliedsatz (Nachsatz)

S 23 **Die unterschiedliche Form der Gliedsätze**

In der Regel werden Gliedsätze durch ein kennzeichnendes Wort eingeleitet. Nur bei verkürzten Gliedsätzen fehlt ein Einleitungswort. Je nach Einleitungswort unterscheidet man:

S 24 **1. Konjunktionalsatz**

Konjunktionalsätze werden durch eine **unterordnende Konjunktion** (s. W 80) eingeleitet.
Unterordnende Konjunktionen sind zum Beispiel: als, nachdem, weil, damit, obgleich, indem.

Beispiel: *Monika fährt regelmäßig mit dem Fahrrad,* ***damit*** *sie gesund bleibt.*

S 25 **2. Relativsatz**

Relativsätze werden durch ein **Relativpronomen** (der, die, das, welcher, welche, welches, wer, was; s. W 54) oder **Relativadverb** (wo, wohin, woher, worüber; s. W 74) eingeleitet. Vor dem Relativpronomen kann auch eine Präposition stehen.

Beispiel: *Das Auto,* ***das*** *Maria gesehen hat, hatte kein Nummernschild.*
*Das Problem,* ***worüber*** *ich mit dir sprechen möchte, ist nicht neu.*
*Die Höhle,* ***in die*** *wir geklettert sind, war sehr feucht.*

S 26 **3. Interrogativsatz**

Interrogativsätze werden durch ein **Interrogativpronomen** (wer, was, wem, welcher…; s. W 60) oder **Interrogativadverb** (wann, wo, warum, wie…; s. W 75) eingeleitet.

Beispiel: *Er fragt sich,* ***wem*** *er das Geschenk zu verdanken hat.*
*Ich frage mich,* ***warum*** *du erst jetzt kommst.*

Zu den Interrogativsätzen gehören auch solche Sätze, die durch **„ob"** eingeleitet werden.

Beispiel: *Sie fragte ihre Freundin,* ***ob*** *sie zum Spielen komme.*

Interrogativsätze sind **indirekte Fragesätze**, die sich leicht in direkte Fragesätze umformen lassen.

Beispiel: *Er fragt sich: „Wem habe ich das Geschenk zu verdanken?"*
*Ich frage mich: „Warum kommst du erst jetzt?"*
*Sie fragte ihre Freundin: „Kommst du zum Spielen?"*

S 27 **4. Verkürzter Gliedsatz**

Zu den verkürzten Gliedsätzen gehören der **Infinitivsatz** und der **Partizipialsatz**. Im Gegensatz zu den grammatisch vollständigen Gliedsätzen haben sie kein Subjekt und keine konjugierte Verbform.

Beispiel: *Er beabsichtigt(,)* ***das Auto zu kaufen***. (Infinitivsatz)
***Lustig vor sich hinpfeifend***(,) *wanderte Angela durch den Wald.*
(Partizipialsatz mit Partizip I)
***Am Bahnhof angekommen***(,) *nahmen wir uns sofort ein Taxi.*
(Partizipialsatz mit Partizip II)

S 28

## Gliedsätze und ihre grammatische und inhaltliche Leistung

Die wichtigste Einteilung der Gliedsätze ist die unter dem Gesichtspunkt der **grammatischen und inhaltlichen Leistung**.
Gliedsätze nehmen nämlich die Rolle eines Satzgliedes ein. Anders ausgedrückt: Aus einfachen Satzgliedern werden Gliedsätze, welche die Aufgabe der Satzglieder übernehmen. Man erfragt sie mit denselben Fragen wie die Satzglieder (Wer oder was? Wen oder was? Wann? Warum?...). Im Einzelnen unterscheidet man:

S 29

## Der Subjektsatz

Der **Subjektsatz** ist ein Gliedsatz in der **Rolle des Subjekts**.

Beispiel: ***Dein Reden*** *ist nutzlos.*
***Dass du redest****, ist nutzlos.*

S 30

## Der Objektsatz

Der **Objektsatz** ist ein Gliedsatz in der **Rolle eines Objekts**. Häufig vertritt er ein Akkusativobjekt.

Beispiel: *Der Schüler meldete* ***einen Unfall****.*
*Der Schüler meldete,* ***dass sich ein Unfall ereignet habe****.*

*Sie fragte ihre Freundin* ***nach der Abfahrt des Busses****.*
*Sie fragte ihre Freundin,* ***wann der Bus abfahre****.*

S 31

## Der Attributsatz

Der **Attributsatz** übernimmt die **Aufgabe eines Attributs**. Er bezieht sich auf ein Nomen oder Pronomen des Hauptsatzes und kennzeichnet dieses näher. Die meisten Attributsätze werden durch ein **Relativpronomen** eingeleitet und zählen somit zu den Relativsätzen.

Beispiel: *Das Auto* ***in der Garage*** *gehört meinem Vater.*
*Das Auto,* ***das in der Garage steht****, gehört meinem Vater.*

S 32 **Der Adverbialsatz**

**Adverbialsätze** übernehmen die **Aufgabe von Adverbialien**. Sie kennzeichnen die Umstände des Geschehens näher.
Adverbialsätze werden durch eine **Konjunktion** eingeleitet. Der Form nach sind es also **Konjunktionalsätze**.
Wegen ihrer unterschiedlichen Bedeutung unterscheidet man entsprechend den verschiedenen Adverbialien auch die Adverbialsätze. Die Tabelle gibt einen Überblick:

| Adverbialsatz | Aussage über | Konjunktion | Beispiel |
|---|---|---|---|
| Temporalsatz | Zeitpunkt, Zeitdauer | als; nachdem; bevor; wenn; während; sobald | *Nachdem wir gespielt hatten, begann es zu regnen.* |
| Kausalsatz | Ursache, Begründung | weil; da | *Weil es regnete, konnten wir nicht spielen.* |
| Konditionalsatz | Bedingung, Voraussetzung | wenn; falls; sofern | *Falls der Regen noch in dieser Stunde aufhört, setzen wir das Spiel fort.* |
| Konsekutivsatz | Folge | sodass/so dass; dass; so…, dass | *Er lief so schnell, dass er nicht mehr abbremsen konnte.* |
| Finalsatz | Absicht, Zweck | damit; dass; auf dass | *Vor dem Spiel wärmen wir uns auf, damit wir uns nicht verletzen.* |
| Konzessivsatz | Einräumung; Grund, der nicht zählt | obgleich; obwohl | *Obwohl es regnete, spielten wir draußen.* |
| Modalsatz | Art und Weise | indem; dadurch, dass | *Dadurch, dass er fleißig trainierte, wurde er ein guter Spieler.* |
| Adversativsatz | Gegenteil | während; anstatt dass | *Klaus spielte im Garten, während er seine Hausaufgaben machen sollte.* |
| Komparativsatz | Vergleich | als; wie; als ob; als wenn | *Er sieht aus, als ob er in eine Zitrone gebissen hätte.* |

Der **Lokalsatz** (Aussage über den Ort des Geschehens), entstanden aus dem Lokaladverbiale, wird ebenfalls zu den Adverbialsätzen gezählt. Dem einleitenden Wort nach ist er jedoch kein Konjunktionalsatz. Er zählt zu den Relativsätzen.

Beispiel: *Wir spielen dort, wo wir gestern bereits gespielt haben.*

# Grammatische Begriffe im Vergleich

| Deutsche Grammatik | Deutsche Übersetzung |
|---|---|
| **Wortarten – flektierbar** | |
| Verb | Zeitwort, Tätigkeitswort |
| Nomen/Substantiv | Namenwort, Hauptwort |
| bestimmter Artikel | bestimmter Begleiter |
| unbestimmter Artikel | unbestimmter Begleiter |
| Adjektiv | Eigenschaftswort |
| Pronomen | Fürwort |
| Personalpronomen | persönliches Fürwort |
| Possessivpronomen | besitzanzeigendes Fürwort |
| Demonstrativpronomen | hinweisendes Fürwort |
| Relativpronomen | bezügliches Fürwort |
| Reflexivpronomen | rückbezügliches Fürwort |
| Interrogativpronomen | fragendes Fürwort |
| Indefinitpronomen | unbestimmtes Fürwort |
| Numerale | Zahlwort |
| **Wortarten – nicht flektierbar** | |
| Adverb | Umstandswort |
| Präposition | Verhältniswort |
| Konjunktion | Bindewort |
| nebenordnende Konj. | – |
| unterordnende Konj. | – |
| Interjektion | Ausrufewort |
| **Tempusformen** | |
| Präsens | Gegenwart |
| Präteritum | Vergangenheit |
| Perfekt | vollendete Gegenwart |
| Plusquamperfekt | vollendete Vergangenheit |
| Futur I | Zukunft |
| Futur II | vollendete Zukunft |
| **Satzglieder** | |
| Subjekt | Satzgegenstand |
| Prädikat | Satzaussage |
| Prädikativ | Artergänzung |
| Objekt | Satzergänzung |
| Genitivobjekt | Satzergänzung im 2. Fall |
| Dativobjekt | Satzergänzung im 3. Fall |
| Akkusativobjekt | Satzergänzung im 4. Fall |
| präpositionales Objekt | Satzergänzung im 3. oder 4. Fall mit Präposition |
| Adverbiale | Umstandsbestimmung |
| Attribut | Beifügung |

| Latein | Englisch | Französisch |
|---|---|---|
| Verb | verb | le verbe |
| Substantiv | noun | le nom |
| – | definite article | l'article défini |
| – | indefinite article | l'article indéfini |
| Adjektiv | adjective | l'adjectif |
| Pronomen | pronoun | le pronom |
| Personalpronomen | personal pronoun | le pronom personnel |
| Possessivpronomen | possessive pronoun | le pronom possessif<br>l'adjectif possessif |
| Demonstrativpronomen | demonstrative pronoun | le déterminant démonstratif |
| Relativpronomen | relative pronoun | le pronom relatif |
| Reflexivpronomen | reflexive pronoun | le pronom réfléchi |
| Interrogativpronomen | interrogative pronoun | le pronom interrogatif |
| Indefinitpronomen | – | le pronom indéfini |
| Numerale | numeral | l'adjectif numéral |
| Adverb | adverb | l'adverbe |
| Präposition | preposition | la préposition |
| Konjunktion | conjunction | la conjonction |
| koordinierende Konjunkt. | coordinating conj. | la c. de coordination |
| subordinierende Konjunkt. | subordinating conj. | la c. de subordination |
| Präsens | present, present tense | le présent |
| Imperfekt | past, past tense | l'imparfait/le passé simple |
| Perfekt | present perfect | le passé composé |
| Plusquamperfekt | past perfect | plus-que-parfait |
| Futurum I | future | le futur simple/composé |
| Futurum II | future perfect | le futur antérieur |
| Subjekt | subject | le sujet |
| Prädikat | predicate, verb link | le verbe |
| Prädikatsnomen | – | le complément du sujet |
| Objekt | object | l'objet |
| Genitivobjekt | – | – |
| Dativobjekt | indirect object | le complément indirect |
| Akkusativobjekt | direct object | le complément direct |
| – | – | – |
| adverbiale Bestimmung | adverbial | le complément circonstantiel/prépositionnel |
| Attribut | attributive | l'épithète, le complément du nom |

# Register


Abstrakta W 32
Adjektiv W 40–44
Adjektivattribut S 13
Adverb W 68–75
Adverbiale S 10–11
adverbiales Attribut S 13
Adverbialsatz S 32
Adversativsatz S 32
Akkusativ W 35
Akkusativobjekt S 06
Aktiv W 16, W 21, W 24
Alphabet E 08
Anlaut E 05
Apposition S 13
Artergänzung s. Prädikativ
Artikel W 38
Attribut S 12–13
Attributsatz S 13, S 31
Aufforderungssatz S 17
Auslaut E 05
Ausrufewort s. Interjektion
Aussagesatz S 16
Aussageweise s. Modus

Befehlsform s. Imperativ
Beifügung s. Attribut
bestimmter Artikel W 36, W 38
Bestimmungswort W 37
Betonung E 11
Bezugsnomen S 12
Bindewort s. Konjunktion
Bruchzahl W 66
Buchstabe E 07

Dativ W 35
Dativobjekt S 07
Deklination W 35
deklinieren W 35
Demonstrativpronomen W 51–53
Diphthong E 10

Eigenschaftswort s. Adjektiv
Einteilungszahl W 66
Einzahl s. Singular
Entscheidungsfrage S 18
Ergänzungsfrage S 18
Ersatzform W 29–30

Femininum W 33
Finalsatz S 32
finite Verbform W 05
flektierbare Wortart W 01
Fragesatz S 18
Fragewort s. Interrogativpronomen, Interrogativadverb
Fürwort s. Pronomen
Futur I W 13
Futur II W 14

Gegenwart s. Präsens
Genitiv W 35
Genitivattribut S 13
Genitivobjekt S 08
Genus W 33
Genus verbi W 20
Geschlechtswort s. Artikel
Gleichsetzungsnominativ s. Prädikativ
Gleichzeitigkeit W 28
Gliedsatz S 21–32
grammatischer Fall s. Kasus
grammatisches Geschlecht s. Genus
Grundstufe s. Positiv
Grundwort W 37

Handlungsart W 20
Hauptsatz S 15–20
Hauptwort s. Nomen/Substantiv
Hilfsverb W 03, W 17–19, S 04
Höchststufe s. Superlativ

Imperativ W 31
Indefinitpronomen W 63–64
Indikativ W 25–26, W 30
indirekte Rede W 27–29
infinite Verbform W 04
Infinitiv W 04
Infinitivsatz S 27
Inlaut E 05
Instrumentaladverbiale S 11
Interjektion W 02
Interrogativadverb W 69, W 75
Interrogativpronomen W 59–62
Interrogativsatz W 75, S 26
Irrealis W 29

Kardinalzahl W 66
Kasus W 35–36

Kausaladverb W 69, W 73
Kausaladverbiale S 11
Kausalsatz S 32
Komparativ W 43
Komparativsatz S 32
Konditionalsatz S 32
Konjugation W 15
konjugieren W 15
Konjunktion W 78–80
Konjunktionalsatz S 24
Konjunktiv I W 27, W 30
Konjunktiv II W 29–30
Konkreta W 32
Konsekutivsatz S 32
Konsonant E 09
Konzessivsatz S 32

Laut E 05
Leideform s. Passiv
Lokaladverb W 69–70
Lokaladverbiale S 11
Lokalsatz S 32

Maskulinum W 33
Mehrzahl s. Plural
Modaladverb W 69, W 72
Modaladverbiale S 11
Modalsatz S 32
Modalverb W 03
Modus W 25–W 31
Möglichkeitsform s. Konjunktiv

Nachsatz S 22
Nachzeitigkeit W 28
Namenwort s. Nomen/Substantiv
nebenordnende Konjunktion W 79
Nebensatz S 21
Neutrum W 33
nicht flektierbare Wortart W 02
Nomen W 01, W 32–37
Nominalisierung W 37
Nominativ W 35
Numerale W 65
Numerus W 06, W 34

Objekt S 05–09
Objektsatz S 30
Ordinalzahl W 66–67
Ordnungszahl s. Ordinalzahl

Partikel W 02
Partizip I W 04
Partizip II W 04
Partizipialsatz S 27
Passiv W 22–W 24
Perfekt W 11
Personalform W 06, W 47
Personalpronomen W 47–48
Plural W 06, W 34
Plusquamperfekt W 12
Positiv W 43
Possessivpronomen W 49–50
Prädikat S 03
Prädikativ S 04
Prädikatsklammer S 03
Präfix E 06, W 37, W 44
Präposition W 76–77
präpositionales Akkusativobjekt S 09
präpositionales Attribut S 13
präpositionales Objekt S 09
Präsens W 09
Präteritum W 10
Pronomen W 45–64
präpositionales Dativobjekt S 09

Reflexivpronomen W 57–58
Relativadverb W 69, W 74
Relativpronomen W 54–56
Relativsatz W 54, W 74, S 25

Satz E 01, S 01
Satzaussage s. Prädikat
Satzergänzung s. Objekt
Satzgefüge S 21
Satzgegenstand s. Subjekt
Satzglied E 02, S 01
Satzreihe S 20
schwaches Verb W 10
Silbe E 04
Singular W 06, W 34
Sprechabsicht S 15, S 19
starkes Verb W 10
Steigerung W 43
Subjekt S 02
Subjektsatz S 29
Substantiv W 01, W 32–37
Substantivierung W 37
Suffix E 06, W 37, W 44
Superlativ W 43

Tätigkeitsform s. Aktiv
Tätigkeitswort s. Verb
Temporaladverb W 69, W 71
Temporaladverbiale S 11
Temporalsatz S 32
Tempus W 07–W 19

Umlaut E 08
Umstandsbestimmung s. Adverbiale
Umstandswort s. Adverb
Umstellprobe S 01
unbestimmter Artikel W 38–39
unterordnende Konjunktion W 80

Verb W 01, W 03–W 31
Vergangenheit s. Präteritum
Vergleichsstufe s. Komparativ
Verhältniswort s. Präposition
verkürzter Gliedsatz S 27
Vokal E 09
vollendete Gegenwart s. Perfekt
vollendete Vergangenheit s. Plusquamperfekt
vollendete Zukunft s. Futur II
Vollverb W 03
Vordersatz S 22
Vorzeitigkeit W 28

Wiederholungszahl W 66
Wirklichkeitsform s. Indikativ
Wort E 03
Wortbaustein E 06
Wortstamm E 06

Zahlwort W 65-67
Zeitwort s. Verb
Zukunft s. Futur I
Zwischensatz S 22